Children with Special Needs

RUDOLF STEINER'S APPROACH

Children with Special Needs
copyright ⓒ 2008 by 1994 Floris Books, Edinburgh All rights reserved
Korean Translation Copyright ⓒ 2012 by Jiwa Sarang.
Korean edition is published by arrangement with World Affair Press through
U&J Book-hunter Agency.

이 책의 한국어판 저작권은 유엔제이 북-사냥꾼 에이전시를 통해 저작권사와
독점 계약한 知와 사랑에 있습니다. 저작권법에 의해 한국 내에서 보호를 받는
저작물이므로 무단 전재와 복제를 금합니다.

도움이 필요한 아이들

초판인쇄	2012. 3. 20
초판발행	2012. 3. 27
지은이	마이클 럭스포드
감수	김은영
옮긴이	조종상
펴낸이	김광우
편집	김연정
디자인	박솔
영업	권순민·허진선
펴낸곳	知와 사랑
주소	서울시 영등포구 당산동 3가 558-3 더파크365빌딩 908호
전화	02) 335-2964
팩시밀리	02) 335-2965
등록번호	제10-1708호
등록일	1999. 6. 15.

ISBN 978-89-89007-57-9 (03370)
값 10,000원
www.jiwasarang.co.kr

도움이 필요한 아이들

루돌프 슈타이너의 발도르프 교육

지은이 **마이클 럭스포드** ◆ 옮긴이 **조종상**

知와 사랑

차례　도움이 필요한 아이들

◆ 추천사 | 김은영
작지만 큰 울림을 주는 책 7

1 정상과 비정상 ◆ 11
만남 13
정상과 비정상 15
역사적 배경 21
전문용어 비교 25
변화의 시간 26

2 특수교육의 역사 ◆ 29
가정교사 슈타이너 31
개척 정신 33
슈타이너의 영향 42

3 아동 발달 ◆ 47
성장하는 아이 51
아동기 경험의 경로 57

문을 열게 하는 웃음_다운증후군 57 | 기다리기_자폐아 61
머뭇거리며 찾아오는 불청객_뇌성마비 66
전혀 예측할 수 없는 아이_과잉행동장애 69
경련성 질환(간질) 72 | 신경과민증(히스테리) 75
취약X증후군 77 | 실어증 78 | 난독증 82

스펙트럼 확대하기 83
뇌수종으로 머리가 큰 아이 84 | 소두증으로 머리가 작은 아이 87
스펙트럼 안의 색깔 89

4 특수교육 환경 ♦ 93

태도 **96**

부모 **97**

가정 생활 **98**

교육자 **101**

환경 **104**

교육과정 **105**

교사 **109**

학습 **110**

상급 학년 **116**

다양한 치료법 **118**

오이리트미 치료 120 | 미술 치료 122 | 음악 치료 125
색채 치료 127 | 그 밖의 치료법들 129

의료적 측면 **130**

교육회의 **131**

5 특별한 도움이 필요한 청년들 ♦ 135

청소년기 **138**

독립과 발견 **142**

청소년 지도 **145**

실질적 측면 **147**

듣고 질문하기 **151**

사회 적응 **154**

6 계속되는 도전 ♦ 157

♦ 미주 165 | 더 읽을 책 166 | 발도르프 교육과 관련된
기관과 단체 168 | 사진 승인 172 | 색인 173

일러두기

독일어 Heilpädagogik을 영어로 옮긴 'Curative Education'은 국내 특수교육 현장에서 주로 사용되는 '특수교육'으로 번역하였습니다. 현재 국내에서는 병원에서 의사의 진단을 근거로 시행되는 작은 영역에서만 '치료교육'이라는 말을 쓰고 있습니다. 마찬가지 맥락에서 'curative education(치료교사)' 역시 '특수교사'로 번역하였습니다.

◆◆◆ 추천사
작지만 큰 울림을 주는 책

루돌프 슈타이너는 도움이 필요한 아이들과 함께하는 사람들(부모나 교사 혹은 그 누구라도)은 모두 그 아이와 운명적으로 연결되어 있다고 말했습니다. 사실 루돌프 슈타이너 역시 청각장애를 가진 동생이 있었습니다. 그가 대학시절에 뇌수종 증상을 갖고 있던 오토를 만나 훗날 의사로 일할 수 있도록 도와준 것은 동생으로부터 연결된 운명이었을지도 모릅니다.

슈타이너가 생을 마감하기 2년 전인 1924년, 독일과 스위스에서 장애인 시설을 운영하던 3명의 청년이 "어떻게 하면 특별한 도움이 필요한 장애아동들을 도울 수 있을까요?" 하고 물었습니다. 그는 이를 계기로 이들을 비롯한 23명에게 '특수교육학 강의'를 시작하게 되었습니다. 오늘날 슈타이너의 인지학을 바탕으로 운영되고 있는 전 세계의 발도르프 특수학교들은 그가 생애 마지막 즈음에 남긴 이 '특수교육학 강의' 내용을 현장교육 활동의 지침서로 사용하고 있습니다.

이 책의 첫머리는 놀랍게도 위의 '특수교육학 강의' 1장 서두에 나오는 '정상'과 '비정상'에 대한 논의로 시작됩니다. 슈타이너는 일반 사람들이 정상과 비정상을 분류할 때, 소위 '보통'이라는 단 하나의 기준을 가지고 판단하는 것에 대해 강한 문제의식을 가지고 있었습니다. 이미 100여 년 전에 그러한 문제의식을 지니고 있었다는 것은 오늘날의 사람들에게도 신선한 충격을 줍니다. 앞선 시대에 이토록 새로운 패러다임을 명확하게 제시할 수 있었던 이유는 무엇일까요? 바로 특별한 도움이 필요한 아이들을 선입견 없이, 있는 그대로의 모습으로 바라보았기 때문일 것입니다.

이 책은 서유럽과 영국에서 도움이 필요한 아이들에게 헌신적인 교육을 베푼 위대한 교육자들의 사상과 그들의 인식 발달 과정을 소개하고 있습니다. 물론 슈타이너의 영향으로 일어난 변화 과정도 기술되어 있습니다. 또한 슈타이너의 아동 발달관을 중심으로 양극성에 놓인 장애 유형의 특성을 소개하고 있습니다. 최근에 급증하고 있는 신경과민증 아이와 산만한 아이들(ADHD)의 경향, 뇌수종 아이와 소두증 아이에 대해 자세히 살펴보고 있습니다. 여기에서 특히 주목할 점은 장애아의 속성과 치료에 대한 관점이 미국의 특수교육 현장에서 강조되고 있는 '행동주의적 관점'에 인간의 본성을 탐구하는 '인지학적 관점'을 더한 것이라는 점입니다.

이 책의 4장 역시 중요한 내용이 언급되어 있습니다. 특수교육의 환경이라 할 수 있는 가정과 부모, 교육자, 학교 환경, 그리고 발도르프 교육과정이 도움을 필요로 하는 아이들의 미래에 어떻게 기여하는지에 대해 서술하고 있습니다. 끝으로 도움이 필요한 아이가 자라 한 인간인 개별적 존재로 살아가기 위해 마지막으로 준비해야 하는 여러 가지 내용을 제시하며 이 책은 마무리됩니다.

책은 두껍지 않지만 담고 있는 내용만은 매우 풍부합니다. 이 책은 도움이 필요한 아이들에게 어떤 도움을 주어야 할지 막막해 하는 부모와 교사뿐만 아니라 치료사 및 아이를 둘러싼 모든 사람들에게 하나의 빛과 같은 깨달음을 줄 것입니다. 이 책에 담긴 철학은 현재 세계 곳곳의 교육 현장에서 실천되고 있는 살아 있는 이론이자, 이 책을 읽게 될 여러분과 함께 앞으로도 계속 생생하게 진화해 나갈 것이기 때문입니다.

아무쪼록 이 작은 책이 특별한 도움이 필요한 아이들이 있는 곳 어디든(그곳이 병원이든, 학교든, 치료실이든, 공동가정 시설이든), 그곳에서 아이들과 함께 생활하는 관련자 모두에게 작은 변화를 일으키길 희망합니다. 우리의 변화는 아이들의 성장을 이끌고, 아이들의 성장은 우리 자신의 성장을 이끌기 때문입니다.

양평 슈타이너학교 설립자
김은영

≈ 1 ≈

정상과 비정상

Normality and
Abnormality

만남

"안녕, 피터."

피터는 대답을 하지 않고 부모의 얼굴만 쳐다보았다. 손을 내밀자 머뭇거리며 내 손을 잡았다. 이 대학에는 루돌프 슈타이너의 특수교육 신념에 기초한 치료 공동체가 개설되어 있다. 피터는 이 치료 공동체에 들어오기 위해 3년 전에도 방문한 적이 있었는데, 이번에 다시 부모님과 함께 면접을 보러 온 것이다. 피터는 다른 '특수' 대학special college에 다니느라 지난해까지 집에서 지냈다고 한다. 피터의 실제 나이는 스무 살이었지만 그보다 훨씬 어려 보였다. 외모만으로는 열대여섯 살 정도로 보였고 어떤 면에서는 고작 일곱 살 정도라고 해도 과언이 아니었다.

    미숙한 이 스무 살 청년은 돈도 사용할 줄 모르고 시계도 볼 줄 모르며 글을 읽고 쓰는 데도 한계가 있었다. 또 옷을 갈아입고 몸을 씻는 일에도 누군가의 도움이 필요하다. 그런데 곧 관계 당국의 지원이 모두 끊길 처지에 놓여 있었다. 그렇게 되면 피터는 하루 종일 집에만 있게 될지도 모르는 상황이었다. 물론 피터네 가족은 농장을 꾸리고 있었기 때문에 농장 주변을 배회하거나 아버지를 도와 쉬운 일을 할 수도 있을 것이다. 하지만 어머니는 피터가 집에 있으면 자신에게 달라붙어 끊임없이 얘기할 거리만 궁리하면서 자신을 아주 '힘들게' 할 것이라고 걱정하고 있었다. 동네 어린이들과 노는 걸 아주 좋아하는 피터에게는 그 아이들 말고는 실상 친구가 없었다.

피터에 관한 이야기는 길다. 난산 끝에 태어났고, 아기였을 때 잠을 제대로 이루지 못했으며, 전혀 기지도 못하다가 두 살이 되어서야 다른 사람의 도움을 받아 간신히 앉을 수 있었다. 그리고 네 살 때부터 걷기 시작했다.

그때까지 피터는 말도 몇 마디밖에 하지 못했다. 일고여덟 살이 될 때까지는 기본적인 의사소통도 불가능했다. 하지만 몇 년 동안 많은 도움을 받은 결과 일상에서 필요한 말들을 배웠고, 이제는 하루 종일 이야기할 수 있게 되었다.

피터의 어머니는 피터의 출생과 어릴 적 이야기를 하면서 눈물을 흘렸다. 피터의 아버지는 피터가 지역 보호센터에서 일주일에 5일간의 도움을 받으며 보여주는 발전보다 더 큰 발전이 필요하다고 생각했다.

"피터에게는 동기와 성장이 필요합니다. 이러한 변화를 빨리 시도하지 않는다면 20대 중반에 이르러서는 너무 늦을 거예요. 그에게는 또래집단에 대한 경험이 필요해요."

이 책의 주제인 특수교육 이야기를 갓 스무 살이 된 청년의 예로 시작하는 것이 이상할지도 모르겠다. 피터를 처음 만났을 때, 나는 그가 빨리 특수교육을 시작해야 하며 늦어도 10대 중반에는 교육을 받아야 한다고 말했다. 만약 그랬다면 피터가 이곳에 두 번 찾아올 일도 없었을 것이고 또 아버지의 표현처럼 미숙하고 제한된 사회적 능력만 지닌 채 괴로운 미래라는 벼랑 끝에 서 있는 일도 없었을 것이다.

중요한 건 '과거에 특수교육을 받았다면 피터가 어떻게 달라졌을 것이며 특수교육이 피터의 현재 삶에 어떤 변화를 줄 수 있을까' 하는 것이다. 지금 단계에서 우리는 이 질문에 답할 수 없다. 하지만 특수교육에 대한 역사적, 현대적 연구를 참고하면 그 답에 좀 더 가까워질 수 있을 것이다. 또한 피터 같은 사람들이 어떤 도움을 받을 수 있는지 더 잘 알게 될 것이다. 먼저 특수교육에 관한 기본 쟁점 중 하나인 관련 용어를 살펴보는 것으로 이야기를 시작하려고 한다.

정상과 비정상

루돌프 슈타이너는 특수교육이 무엇인지 명확한 정의를 내리지 않았다. 하지만 원하는 사람은 누구나 특수교육을 실행할 수 있도록 필요한 사항을 가르쳐주었다. 특수교육을 실행할 때 가장 필요한 기본은 비정상과 비교하여 정상이 무엇인가를 이해하는 것이다. 슈타이너 박사는 특수교육 실행자들을 위한 첫 번째 강의에서 다음과 같이 말했다.

> 보통 비정상이라고 불리는 속성이나 경향은 모든 사람에게서 찾아볼 수 있습니다. 정신 또는 내면의 한구석에 숨어 있는 것이지요. 그것은 어쩌면 단지 생각을 비약하는 사소한 경향이나 말하는 중에 적절한 단어를

루돌프 슈타이너
Rudolf Steiner
(1861~1925)

쓰지 못하는 무능력일지도 모릅니다. 그래서 서로 말이 안 통한다거나 제삼자가 그들 사이에 끼어들 수도 있는 것이고요. 이러한 비정상적인 요소는 느끼고 행동하는 생활에서도 발견할 수 있는데, 거의 모든 사람에게서 아주 적은 부분이라도 찾아볼 수 있습니다.[1]

오늘날 소위 선진국에서는 이러한 생각이 일반적으로 여겨질 테지만, 우리는 이 발언이 1924년에 이루어졌다는 데 주목해야 한다. 우리는 이것을 철학적 쟁점으로 다룰 수도 있지만 치료 활동을 고취시키는 생각과 이상이야말로 발달 과정이 평탄치 않은 아이들의 양육과 교육을 발전시킨다는 것은 분명하다. 따라서 이러한 아이들의 양육과 교육에서 가장 기본이 되는 것은 그 아이들을 교육하는 교육자의 생각과 이상, 즉 태도다.

루돌프 슈타이너의 다음과 같은 말은 오늘날 이 책을 읽고 있는 여러분을 치료 활동에 대한 아이디어에서부터 출발점으로까지 인도해줄 것이다.

아이들 영혼의 삶 혹은 누군가의 영혼의 삶에서 우리가 정상이냐 비정상이냐를 논할 때 유일한 근거는 '평균'적인 것을 정상이라고 여겨온 우리의 생각입니다. 현재로서는 다른 기준이 없습니다. 사람들이 도출하는 결론들이 너무 혼란스러운 이유도 바로 이 때문이지요. '비정상'의 존재를 이러한 방식으로 인식하면서 장애를 없애는 데 도움을 주고 있다고 믿기 시작합니다. 줄곧 한 조각의 천재성은 무시하면서 말이지요.

루돌프 슈타이너의 이 발언에 담긴 생각은 우리가 일반적으로 가지고 있는 정상과 비정상에 대한 관점과는 확연하게 다르다. 먼저 정상적인 사람을 비정상적인 경향이 발견될 수 있는 사람으로 묘사했다. 또한 소위 비정상적인 사람이 천재의 자질이 있는 사람으로 나타났다. 이는 우리에게 정상과 비정상에 대한 일반화를 주의하라고 경고할 뿐 아니라 편견 없는 시선을 키우고 새로운 생각을 받아들일 것을 설득하고 있다. "……우리는 섣부른 결론을 삼가해야만 합니다. 그리고 단순하게 있는 그대로 보아야 합니다. 우리 앞에 있는 사람에게서 우리는 실제로 무엇을 봅니까?"

특수교육은 표준과는 상당히 다른, 특별한 주의를 필요로 하는 성장기 어린이들의 요구를 다룬다. 따라서 앞서 언급한 대로 특수교사는 인간에 대한 성숙한 이해를 습득하는 것이 필수다.

카를 쾨니히는 오스트리아인으로, 특수교육을 위한 캠프힐 운동의 토대를 마련한 루돌프 슈타이너의 제자이자 의사이다. 캠프힐 운동은 쾨니히가 슈타이너의 인지학에 근거하여 장애아동들을 위한 공동체를 설립하고자 시작한 사회운동이었다. 쾨니히는 특수교육을 둘러싼 모든 특성을 강조했다. 그

카를 쾨니히
Karl König
(1902~1966)

는 저서 『인간 됨 Being Human』에서 '특수교육이란 무엇인가?'라는 질문을 던진 뒤 이는 한마디로 답할 수 없다고 결론을 내렸다. 그는 특수교육이란 정해진 규칙이 없는 실용적 기술임을 암시했다.

> 우리는 아이든 어른이든, 누구에 대해서도 항상 혁신적이고 창의적이어야 합니다. 그렇지 않으면 특수교육이 안 됩니다. 하지만 특수교육은 동전의 한 면일 뿐입니다. 만약 특수교육이 실용적 기술에 지나지 않는다

면 우리 가운데 누구도 훌륭한 특수교사가 될 수 없을 것입니다. 그러므로 우리에게는 창의적 활동을 꾸준히 보완하는 실질적인 지식이 필요합니다. 그것은 단순히 아이의 상태를 지적하고 묘사할 줄 아는 것만이 아닙니다. 이름들은 단지 공허한 단어에 불과하니까요. 특수교육 진단법에서 중요한 요소는 우리가 개인적으로 직면하는 것이 무엇이든 그것을 철저하게 이해하려는 노력입니다.[2]

특수교육이 효력을 발휘하려면 지금까지 언급된 내용을 바탕으로 기본적인 필수요소 세 가지를 확인해야 한다. 그것들은 다음과 같다.

··· 인간에 대한 지식
··· 관찰, 특히 비정상적인 것에 대한 관찰
··· 치료적 접근으로 이끌 수 있는 이해

이 세 가지는 도움이 필요한 아이들의 치료와 특수교육의 문을 여는 열쇠이지만, 이 열쇠를 사용하기 전에 우리는 특수교육이 어떻게 만들어지고 형성되었는지 그 기원을 살펴보아야 한다.

역사적 배경

1978년 영국에서 「특수한 교육의 필요성: 장애 아동과 장애 청소년 교육에 대한 조사 위원회 보고서」가 의회에 제출되었다.[3] 이 보고서는 데임 메리 워녹Dame Mary Warnock이 제출한 것으로 영국의 특수교육 발달사에 의미 있는 보고서였다. 이는 서유럽 국가 안에서 특수교육의 역사적 사고가 어떻게 진전되어 왔는지 알리는 한 사례가 되었다. 일반적으로 '워녹 보고서'로 알려진 이 보고서에 담긴 개념이 1981년에 제정된 교육법의 토대가 되었다. 나머지 유럽 국가들과 스칸디나비아, 북아메리카의 다른 접근 방식들도 이 보고서의 개념과 무관하지 않다. 워녹 보고서는 '장애' 아동 또는 '장애' 청소년의 요구에 헌신하는, 소위 문명화된 민주 사회의 중요한 노력을 대변한 것이다. 1990년대까지도 많은 국가들이 이러한 요구에 대처하기 위해 단지 기본적인 정책의 윤곽만 갖추고 있었을 뿐 실제적인 대비는 거의 없었다.

영국의 특수교육은 18세기에 시각장애인과 청각장애인을 위한 학교를 설립하면서 시작되었다. 19세기 중반에는 지체장애아들을 위한 학교가 세워지기 시작했다. 하지만 소위 지적 장애아들은 여전히 구빈원(생활 능력이 없거나 가난한 사람들을 수용하여 구호하는 시설)과 정신병원에 수용되었다. 그들에게는 흔히 '저능아imbecile', '천치idiot', '결함이 있는defective'이라는 용어들이 쓰였다.

영국에서는 1870년에 '위탁교육법Foster Education Act'이, 스코틀랜드에서는 1872년에 이와 유사한 '스코틀랜드 교육법 The Education Scotland Act'이 제정되어 지적으로 '결함이 있는' 아동들을 위한 특별한 교육의 길이 열렸다.

1890년대에는 관계자들의 협력으로 '저능한', '결함이 있는' 아이들을 위해 교육 체계에 변화가 일었고 일반적인 학교에서 이 아이들이 얼마나 오래 교육을 받을 수 있을지 의문이 제기되었다.

1924년 정신박약 위원회Mental Deficiency Committee의 우드 위원회Wood Committee는 당시 특수교육이 필요한 아동들이 105,000명 있으며 일반 학교에 다니는 전체 아동의 약 10%가 진급을 하지 못한다고 주장했다. 우드 위원회는 특수학교 설립을 위해 다음과 같은 결론을 내렸다.

> 특수학교에서 '증명서'나 아동들의 이력에 불리하게 작용하는 것 없이 대부분의 아이들이 평범한 시민으로 살아갈 수 있도록 지도하기 위해서는 공립학교 체계와 긴밀히 공조해야 한다. 더불어 학부모들에게는 특수학교가 유별나고 창피한 것이 아니라 일반 학교가 유용한 변화를 일으킨 것으로 제시되어야 한다.

워녹 보고서는 지적 장애아들의 권리가 교육 현장에서 인정받기까지 여전히 많은 시간이 필요하다고 지적한다. 이 보고서는 영국의 특수교육이 더욱더 발달하는 토대가 되었다. 여기서는 두 가지 측면이 두드러지는데, 첫째, 장애아와 비장애아를 구분하지 않는 통합학교의 공급에 중점을 둔다.

> 장애아와 비장애아의 뚜렷한 구별을 영원히 지속시키는 구분은 되도록 없애야 한다.

둘째, 1862년 정신장애법(스코틀랜드)이 제정되고 116년이 지난 뒤 나온 워녹 보고서는 다음과 같은 내용을 권고했다.

> 우리는 어떤 아이가 학창 시절뿐만 아니라 나중에 직장을 구할 때 자신에게 불필요한 오점이 될 수 있는 용어들, 즉 '교육적으로 정상 이하educationally sub-normal' 또는 스코틀랜드에서 사용하는 '지적 장애가 있는mentally handicapped'이라는 용어의 굴레에서 벗어나야 한다고 생각한다. 우리는 교육적으로 정상 이하 또는 종종 치료를 받아야 하는 어려움이 있는 학생으로 분류되는 아이를 묘사할 때 앞으로 '학습 장애가 있는learning difficulties'이라는 용어를 사용할 것을 권한다.

19세기에 네덜란드에서도 이와 유사한 계몽의 시기가 있었다. 1841년에 첫 번째 법안인 정신지체법Krankzinnigenwet이 통과되었는데, 이전에는 소위 정신적으로 결함이 있는 사람과

특수한 운동을
이용한 치료

광인을 거의 구별하지 않았다. 그들은 대체로 수녀원이나 병원에서 보살핌을 받았고 공격적인 행동을 하는 경우에는 감옥에 감금되어 치료를 받았다.

    1855년에 처음으로 '저능한' 아이들을 위한 가정학교가 설립되었다. 이때부터 개인 혹은 사회 단위로 이러한 가정학교가 많이 세워지기 시작했다.

    첫 번째 학교가 '미성년 저능아를 위한 일일 학교'였다.

    1884년에 이러한 가정학교와 보호시설을 규정하는 네 번째 정신지체법Act of Insanity이 통과되었다. 하지만 현재까지도 성장이 보통과 다른 아이나 성인을 정신병자와 명확하게 구별하는 법은 정립되어 있지 않다. 그럼에도 불구하고 특수교육 및 특수교육운동은 나름대로 꾸준히 발전해왔다.

전문용어 비교

1900년 전까지 네덜란드에서는 다음과 같은 용어들이 사용되었다. 미친dol, 바보onwijs, 멍청이onnozel, 머리가 나쁜arm van geest. 그 뒤로는 다음과 같은 용어들이 사용되었다. 천치debiel, 등신imbeciel, 몽골리안mongool. 오늘날에 사용되는 용어들은 다음과 같다. 저능한zwakzinnig, 지적 장애geestelijk gehandicapt, 정신박약verstandelijk gehandicapt, 잠재력이 있는 사람mensen met mogelijkheden.

    영어의 지적 장애에 해당하는 용어로 독일에서는 정신

지체geistige Behinderung라는 말을 쓴다. 학습 장애는 레른베힌더룽Lernbehinderung이라고 한다. 19세기에는 지적 장애의 정도에 따라 각각 데빌리테트Debilität, 임베칠리테트Imbezillität, 이디오티Idiotie라는 용어를 사용했다. 프랑스에서는 지적 장애가 있는 사람을 레 데피시앙 앵텔렉튀엘les deficients intellectuels이라는 용어로 표현한다. 미국에서는 '정신 지체mental retardation' 또는 '발달 장애developmental disabilities'라는 말을 사용한다.

변화의 시간

그러는 동안 현대 사상은 큰 변화를 겪었다. 그래서 1890년대에 수용되었던 생각이 오늘날에도 전적으로 받아들여지는 건 아니다. 아직 특수(치유)교육curative education이라는 용어도 영어권에는 실상 잘 알려져 있지 않다. 소위 특수교육이라는 범주 안에서 전문적으로 이를 실행하는 사람들에게도 마찬가지다. 이 단어는 특별한 도움이 필요한 아이들을 가르치는 방법을 설명하기 위해 독일에서 사용하는 용어인 특수교육Heilpädagogik에서 비롯되었다. 이 단어에는 두 가지 개념 즉, '치유healing'와 '교육education'이 혼합되어 있다. 치유 행위는 종종 의료적 또는 종교적 함의를 지닌 것으로 받아들여진다. 눈이 멀거나 마비, 발작 등과 같은 의료적 증세를 치유한 그리스도의 치유가 그 예이다.

'교육'이라는 단어는 라틴어 에듀세레educere에서 파생된 말로 '앞으로 끌다to lead forth'라는 의미를 지니고 있다. 만약 모든 아이에게 타고난 재주와 능력이 있고 교사의 역할이 이들의 재주와 능력을 밖으로 끌어내는 동시에 그 타고난 능력을 펼칠 적절한 공간을 만들어주는 것이라는 전제에서 교육이 시작되었다면 세상이 얼마나 달라졌을까? 하지만 우리는 우리가 평가하는 성공 기준에 아이의 능력을 맞추려고 필사적으로 몰아붙인다. 그래서 아이들은 자신이 타고난 능력과 21세기의 경제적 필요에 따른 요구라는 두 가지 긴장 사이에 놓이게 된다.

특수교육의 주된 역할 중 하나는 오로지 아이의 재능만을 평가하는 데서 벗어나 아이가 갖고 있는 독특한 자질을 키워주는 것이다. 하지만 이는 사회적 경제적으로 낮은 계층에 있는 개인들을 통합하기에는 충분치 않다. 무엇보다 우리는 우리 세대를 지배하는 가치에서 다른 가치를 발견해야 하는 도전에 직면해 있다. 하지만 우리는 성공의 영광이라는 명목에 사로잡혀 있는 듯 보인다.

≈ *2* ≈

특수교육의 역사

The History of
Curative Education

가정교사 슈타이너

루돌프 슈타이너는 1924년 젊은 특수교사들에게 "섣불리 결론을 내리지 말고 단순하게 있는 그대로 보세요. 우리 앞에 있는 사람에게서 우리는 실제로 무엇을 봅니까?" 하고 물었다.

이러한 접근법이 일찍이 그의 마음 한가운데 자리 잡고 있었던 것이 분명했다. 슈타이너가 20대 학생이었을 때 비엔나에서 입주 가정교사로 6년 동안 일하면서 네 아이를 가르친 적이 있었다. 이들 중 한 아이인 오토Otto는 뇌수종으로 머리가 컸고, 글을 읽거나 쓰지도 못했다. 그리고 어떠한 학습이든 큰 어려움이 따랐다. 슈타이너는 다른 아이들은 물론이고 오토도 가르쳐야 했다. 하지만 오토를 가르치는 데는 어려움이 따랐다. 슈타이너는 오토에 대해 다음과 같이 적었다.

> 오토는 생각이 느리고 둔하다. 심지어 조금만 머리를 써도 두통을 호소하고 기력이 떨어지거나 창백해지고 불안해했다. 오토를 알게 된 후 나는 정신과 신체를 유기적으로 사용하는 교육 방식이 필요하다고 판단했다. 그렇게 하면 틀림없이 잠자고 있던 능력이 깨어나리라 생각했다. 나는 잠자고 있는 정신에 접근할 방법을 찾아야만 했다. 시간이 흐르면서 나는 점차 오토의 몸에 나타나는 반응에 익숙해졌다. 어떻게 보면 내가 먼저 육체에 영혼을 불어넣어야 했다. 비록 숨겨져 있지만

오토에게는 대단한 능력이 있다고 확신했다. 이렇게 아이들을 가르치면서 나도 아주 많은 걸 배웠다. 내가 적용한 교수법으로 사람의 정신 및 영혼과 신체 사이의 관계를 알 수 있었다. 이 과정을 통해 나는 실질적인 생리학 및 심리학 공부를 할 수 있었다. 이를 계기로 교육과 훈육이 인간에 대한 지식에 기반을 둔 기술이 되어야 한다고 생각하게 되었다.[4]

루돌프 슈타이너의 도움으로 오토는 학습을 시작했을 뿐만 아니라 중등교육을 마치고 의과대학에 입학했다. 그리고 마침내 의사 자격을 획득했다. 우리는 슈타이너가 결함이 많은 불안정한 아이를 생각지도 못한 결과로 이끈 교수법을 발견하는 모습을 마음에 그려보아야 한다. 특별한 훈련을 받지 않았음에도 슈타이너는 통찰력을 발휘해 치료를 시작함으로써 누구나 예상했던 것과는 달리 장애가 있고 무능해 보이는 소년을 전문가가 될 수 있게 해주었다. 우리는 오토와 함께한 슈타이너의 성취가 이 특별한 아이를 돕는데 필요한 치료적 통찰을 발휘했기 때문에 가능했다고 말할 수 있다.

이러한 성공은 다른 사람에 대한 강한 열의와 관심을 필요로 한다. 또한 그 관심은 특수교육이라 불리는 것을 만든 모든 개척자들이 공통으로 가지고 있는 요소다. 다음에 나오는 각 인물의 생애를 살펴보면 한 아이와의 만남이 바로 그 시작이었다는 것을 알 수 있다. 이들은 카를 쾨니히가 자신의 전공

논문인 「미뇽: 특수교육의 모호한 역사*Mignon; A Tentative History of Curative Education*」에서 이미 언급한 인물들이지만 필자도 쾨니히의 선택이 이해할 만하며 타당성이 있다고 생각하기 때문에 여기에 소개한다.[5]

개척 정신

단순하고 척박했던 18세기, 프랑스 의사 장 이타르는 '아베롱의 야생 소년'을 만났다. 이 소년은 프랑스 남부 숲속에서 사람들과 떨어진 채 홀로 성장했다. 이타르는 뜨거운 열의와 관심으로 아이에게 도움을 주어 그를 사회에 적응시키려고 노력했다. 그의 시도가 완전히 성공적이지는 않았지만 아베롱의 야생 소년은 여전히 지적으로 단순했음에도 불구하고 사회에서 자신의 자리를 찾을 수 있었다.

이타르의 제자였던 에두아르 세갱은 파리의 비세트르 병원에서 근무했다. 이 병원은 정신적으로 문제가 있는 아이들을 치료하는 병동을 처음으로 운영한 곳이었다. 세갱은 정신적인 문제를 가진 아이들의 증상을 정의한 것으로 잘 알려져 있다. 오늘날은 『정신지체아의 도덕, 위생, 교육 치료*The Moral, Hygienic and Educational Treatment of Idiot*』와 같은 제목이 거북하게 들릴지 모르지만 우리는 이 책을 통해 아이들의 필요를 확인하고 이들의 상황을 이해하는 방법을 찾아 치료책을 구하는 것이 특

장 이타르
Jean Itard
(1775~1838)

에두아르 세갱
Edouard Séguin
(1812~1880)

한스 야코프 구겐뷜
Hans Jacob Guggenbühl
(1816~1863)

수교육의 시작임을 알 수 있다.

스위스 의사 한스 야코프 구겐뷜은 아직 의과대학 학생이던 시절 '크레틴cretin'(갑상선 기능 저하증의 일종)에 걸린 소녀를 만난 뒤 크게 감동하여 "인간애의 목적을 버리느니 차라리 실패하더라도 이렇게 고통 받는 아이들을 구제하는 데 나의 생애를 바치겠다"라고 맹세했다. 이 만남 이후 5년이 채 되기 전에 구겐뷜은 인터라켄 근처 아벤트베르크에 크레틴 치료를 위한 보호시설을 설립했다. 여기서 구겐뷜은 크레틴을 앓고 있는 사람들의 정착촌 모델을 구상하면서 일반 치료 조치와 이들을 위한 특별한 교육 방법을 고안했다.

여기서 언급한 세 의사 이타르, 세갱, 구겐뷜은 모두 '특별한 아이들'과의 만남을 시작으로 치료와 교육의 새 방법을 발견했다. 이들이 이 분야의 개척자가 된 이유는 핵심적인 논문을 썼기 때문이 아니라 특별한 아이들에게 직접 그리고 의도적으로 반응했기 때문이다. 이들은 모두 의사였고 또한 교육자였다.

하인리히는 집 없는 어린이 수천 명의 안식처가 된 페스탈로치 마을의 창시자이자 지도자로 잘 알려져 있다. 그는 당시 유럽 전역에서 일어난 중대한 사건들의 시발점이 된 프랑스 혁명의 여파 속에서 살아가고 있었다. 그는 가족을 잃고 버림받은 아이들이 가난과 영적, 육적 고통에 빠질 것을 알고 그런 아이들에게 편히 쉴 수 있는 공간을 제공하고 도움을 주었다. 페스탈로치는 1775년에 다음과 같은 글을 적었다.

아이들 대부분이 모든 인간성을 완전히 부정당한 끔찍한 상태에 놓여 있었다. 새로 마련한 집에 온 아이들 가운데 많은 아이들이 깊이 뿌리 내린 피부병으로 인해 거의 걸을 수조차 없었다. 머리에 이가 있는 아이들, 상처 위로 기생충이 득실거리는 아이들, 누런 이를 드러내며 웃는, 뼈다귀처럼 야윈 아이들도 많았다. 큰 눈에는 두려움이 담겨 있었고 눈썹에는 걱정과 불신의 주름이 새겨져 있었다. 어떤 아이들은 뻔뻔하고 무례했으며 구걸과 위선, 모든 것을 거짓으로 말하는 데 익숙해져 있었다. 몇몇 아이들은 고통스러워 보였고 또 온순하지만 의심이 많고 두려움이 가득했으며 애정이라고는 전혀 느낄 수 없었다.

페스탈로치는 일단 인간의 품위를 지킬 수 있는 기회가 주어지면 이러한 아이들도 충분히 변화할 수 있음을 입증했다. 우리는 그의 편지 덕분에 그가 아이들을 치료하기 위해 사용한 방법이 어떤 것이었는지 알 수 있다.

나는 아침부터 저녁까지 그냥 아이들과 함께 있었다. 손으로 아이들의 몸과 마음을 어루만졌다. 내가 직접 도와주고 고통을 치료하고 공부도 가르쳐주었다. 내 손을 아이들의 손 위에 올려놓았고 내 눈이 아이들의 눈을 응시했다. 내 눈물이 아이들의 눈물과 함께 흘렀고

하인리히 페스탈로치
Heinrich Pestalozzi
(1746~1827)

나의 웃음이 아이들의 웃음과 함께했다. 아이들은 세상 밖으로 나왔다. 아이들은 나와 함께 있었고 나는 그들과 함께 있었다. 아이들의 수프가 나의 수프였고 아이들의 음료가 나의 음료였다.

1841년, 조반니 보스코라는 한 젊은 이탈리아인이 가톨릭 사제 서품을 받았다. 그는 어렸을 때부터 청년 시절까지 동네 부랑아와 불량배들 사이에서 지내면서 자신에게 사람들을 안정시키고 변화시키는 능력이 있다는 것을 발견했다. 보스코는 성직자가 되어 그들을 위해 헌신하기로 마음먹고 2년이 채 안 돼 버려지고 굶주린 아이 약 700여 명 정도를 수용할 수 있는 안식처를 투린Turin에 설립했다.

　　일이 진행되면서 '돈 보스코'라는 이름으로 알려진 그는 타락하고 범죄에 둘러싸인 아이들을 차분하고 목적의식이 강한 아이들로 바꾸는 데 성공했다. 이 일을 반대하는 사람들도 있었고 때로는 박해도 견뎌야만 했다. 1859년, 보스코는 세일시언 교단Order of the Salesians을 설립했다. 그리고 그 교단은 보스코가 타계할 때까지 학교와 일터를 운영하면서 유럽과 남미 전역으로 퍼져나갔다.

　　돈 보스코에 관한 글을 쓴 토마스 바이스Thomas Weihs는 그를 다음과 같이 설명했다.

> 조반니 보스코는 교육의 체계나 방법을 남기지는 않았지만 수많은 아이들을 타락과 범죄에서 건져내 진실한 인간이 되게 했다. 그의 좌우명은 '쁘라이베니르 논 리프리메레Praevenire Non Reprimere'였는데 이는 '처벌하지 않고 예방한다'는 의미다. 그는 아이의 본성을 잃지 않으면서도 성숙한 사람이었고 그 때문에 가장 타락한 아이들의 영혼에 접근할 수 있었을 뿐만 아니라 하나의 본보기로서 아이들에게 다가가 아이들 안에 있는 선천적 순수성과 영적 친밀함에 호소할 수 있었다.[6]

돈 보스코
Don Bosco
(1815~1888)

    1866년, 런던 이스트 엔드East End에 있는 의과대학의 학생이자 설교가였던 토마스 존 바르나르도는 짐 자비스Jim Jarvis라는 한 소년에게 이끌려 런던의 어두운 거리를 걷고 있었다. 그리고 그 거리에서 어떤 보호도 받지 못하고 오로지 누더기만 걸친 채 자고 있던 수백 명의 아이들을 직접 목격했다. 이 경험으로 깊은 감정의 변화를 느낀 그는 극빈층 아이들을 돕기 위해 '이스트 엔드 청소년 사회사업단the East End Juvenile Mission'을 설립했다. 토마스는 아이들이 생활할 수 있는 집을 구한 뒤 학교를 개설하여 아이들에게 공부를 가르치고 직업훈련을 시

토마스 존
바르나르도
Thomas John
Barnardo
(1845~1905)

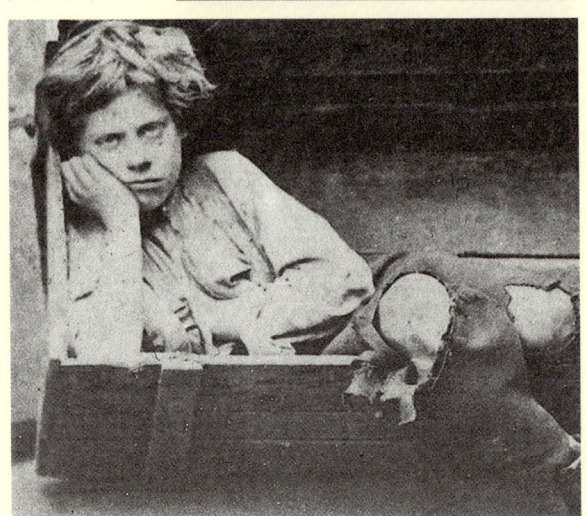

런던의
노숙하는
아이
(1876년)

컸다. 토마스는 아이들에 대해 다음과 같이 말했다.

> 올바르지 않을 뿐만 아니라 왕 같지도 않지만, 누더기 차림과 때, 불구가 된 손과 발, 상처, 멍, 고통, 흉터에도 불구하고 이 어린 방랑자들은 왕의 대사들입니다. 이 아이들에게는 변함없이 아름다운 무엇이 있는데, 죄와 고통이 그들을 손상시킨 건지도 모릅니다. 하지만 바로 그 무엇 때문에 우리의 내면은 아이들을 존경하는 마음으로 가득 차게 됩니다.[7]

토마스가 세상을 떠날 때까지 6만여 명의 아이들이 도움을 받아 사회로 되돌아갔고 자신들의 인간애를 되찾았다고 한다.

이타르, 세갱, 구겐뷜, 페스탈로치, 돈 보스코, 토마스 바르나르도 등은 특수교육의 창시자들이다. 이들은 각각 한 아이와의 만남을 통해 자신들을 의사, 성직자, 교사 또는 사회사업가 이상이 되게 해준 무언가를 체험했다. 당시에는 알 수 없었지만 그 아이들은 자신들뿐만 아니라 수백, 심지어 수천 명이 도움을 받고 치료받을 수 있는 가능성을 보여준 것이다. 이는 특수교사의 삶이 하나의 치료법이 될 수 있음을 의미한다. 행동하겠다는, 뭔가 하려는 의지 안에서 연민이 강력한 사랑의 행위로 표출된 것이다.

슈타이너의 영향

소년 오토에 대한 교육이 성공적이었지만 루돌프 슈타이너가 본격적으로 특수교육 활동을 시작한 건 아니었다. 그러나 그의 업적을 빼고서 인지학 응용 분야로서의 특수교육의 기원과 발전을 생각하는 건 불가능하다. 인지학anthroposophy은 슈타이너가 창시한 과학적 조사, 연구 방법을 설명하는 용어다. 이 단어는 '인간'을 뜻하는 그리스어 안트로포스anthropos와 '지혜'를 뜻하는 소피아sophia를 합쳐서 만든 단어로 육체적, 심리적 상황뿐만 아니라 영적 능력에서 모든 인간의 지식 발달을 포함하는 말이기도 하다.

두 명의 젊은 교사, 지크프리트 피커트와 프란츠 뢰플러는 스위스와 독일의 예나Jena에 있는 큰 규모의 고아원에서 일을 하다가 제일차세계대전 후 심리학 연구가인 알베르트 스트로셰인을 알게 되었다.

세 사람은 1924년 독일 북부의 '라우엔슈타인Lauenstein'에서 새로운 치료시설 운영을 시작한 후 조언을 구하기 위해 슈타이너와의 만남을 모색했다. 그들은 인지학에 대해 익히 알고 있었으며, 슈타이너가 자신들을 도울 수 있을 거라고 확신했다. 라우엔슈타인에서 첫 아동들을 받자마자 슈타이너가 그들을 찾아왔다. 슈타이너는 아동들을 보면서 치료를 위한 의학적, 치료적 진단 지침을 세부적으로 알려 주었다.

방문이 이뤄진 후, 슈타이너는 스위스의 도르나흐

특수교육의 개척자들(1924년)

베르너 파쉬
Werner Pache
프란츠 뢰플러
Franz Löffler
이타 베그만
Ita Wegman

지크프리트 피커트
Siegfried Pickert
알베르트 스트로셰인
Albert Strohschein

Dornach에서 12회에 걸쳐 강의를 진행했다. 그의 강의는 사람들에게 인지학적 특수교육의 기본적인 접근 방법과 방향을 제시해주었다.

피커트, 뢰플러, 스트로셰인은 처음에는 걱정이 앞섰다. 이들은 자신들이 이루고 싶은 바에 대한 확신이 없었다. 스트로셰인이 말했다.

> 사실 우리는 서로에게 아무도 특수교육을 강요하지 않았다. 운명이 우리를 지적으로 뒤떨어진 아이들과 연결해주었고, 우리는 단순히 도움이 필요한 사람들에게서 인지학적 재능을 찾았을 뿐이다.[8]

라우엔슈타인을 방문하는 동안 슈타이너는 그들에게 오토와 비슷한 상황에 놓인 어린이나 청소년들이 안고 있는 위험을 그들 스스로 드러내고 표현할 수 있게 하는 새로운 치료법에 도전하라고 권유했다.

피커트와 그의 친구들이 운영하는 시설은 전부터 '병적인 간질 아동을 위한 시설Home for Pathological and Epileptic Children'이라는 명칭으로 존재하고 있었다. 하지만 슈타이너는 이러한 명칭에 반대했고 대신 '영혼의 보살핌이 필요한 아동을 위한 치료 교육 연구소Curative and Educational Institute for Children in Need of Care of the Soul'라는 명칭을 제안했다. 슈타이너는 "우리는 아이들을 직접적으로 규정하지 않는 용어를 사용해야 한다"라고 주장했다. 오늘날은 '특별한 도움이 필요한 아이들'이라는 용어가 주로 사용된다.

알베르트 스트로셰인은 다음과 같이 강조했다.

> 현재 나는 서서히, 그리고 처음으로 '영혼의 보살핌'이 모든 교육에 내포되어야 할 중요한 요소라는 점을 깨닫기 시작했다. 이는 모든 사람에게 필요한 것인지도 모른다. 따라서 장애아와 비장애아를 구분할 것은 사실 아무것도 없는 셈이다.

우리는 특수교육이 특별한 도움이 필요한 아이들의 삶의 질과 잠재력을 눈에 띄게 바꾸어야 한다는 결론을 미리 내릴 수도 있다. 실제로 이러한 아이들의 삶은 달라져야 한다. 그리고 일부 부모들이 출산 시 또는 조기 태아 검사를 하고 나서 의사로부터 "당신들이 아이를 위해 할 수 있는 건 아무것도 없습니다"라는 말을 들으면서 짊어진 짐에서도 이 아이들은 자유로워져야 한다. 얼마나 많은 부모들이 "아뇨, 할 수 있어요"라고 굳은 결심을 해왔는가. 실제로 많은 부모와 교사들은 믿을 수 없을 만큼 놀라운 방식으로 특별한 도움이 필요한 아이를 현실적인 사고가 가능한 사람으로 활짝 꽃피우게 했다. 특수교육은 많은 부모들이 스스로 발견한 하나의 접근 방법을 보여준다. 페스탈로치, 돈 보스코, 바르나르도가 그랬던 것처럼 적지 않은 교사들도 자신들의 학생을 위해 동일한 방법을 발견했다.

특수교육은 특별한 교육과 보살핌이 필요한 아이나 청소년의 요구를 다루지만 어떤 측면에서는 우리가 흔히 말하는 '학습 장애'가 있는 아이에게 적용되는 일반 교육 방법과 조화를 이룬다. 그러면서도 인지학에 기초한 특수(치유)교육 curative education은 우리가 보통 특수교육 special education이라고 부르는 것과는 다르다. 우리는 이러한 차이의 원인을 개괄하는 동시에 철학적이면서도 실용적으로 인지학적 특수교육에 대해 설명하고자 한다.

∼ 3 ∼

아동발달

Child Development

갓 태어난 아기의 눈을 자세히 보면 아기가 얼마나 아득하고 깊은지, 또한 얼마나 완전한지 알 수 있다. 아기는 당신을 뚫어지게 쳐다볼 것이다. 초점은 아직 불완전하고 육체적인 요구는 단순하고 강력하지만, 얼굴에는 호기심이 가득하고 각박한 마음이 아니고서는 도저히 부인할 수 없는 천진난만한 기쁨이 천국처럼 깃들어 있다.

시간이 지나면서 아기는 발달의 첫 번째 단계인 시선 돌리기, 바라보기, 웃기, 손으로 쥐기, 머리 들기, 앉기를 마치게 된다. 그러다 마침내 의자나 탁자를 잡고 서는 데 성공한다. 어느 날 아기가 첫 번째 발걸음을 옮긴다면 그날은 정말 특별한 날이 될 것이다. 이것이 첫 번째 발달 단계의 주요 사건이다.

이 기간 동안에 아기는 엄마의 젖이나 분유를 떼고 자연식품을 먹을 수 있게 되는데, 너무 거칠지 않은 이유식, 과일, 야채, 곡물 등이 좋은 음식이 된다.

아기가 내는 소리나 울음소리는 이미 무슨 뜻인지 알아들을 수 있게 되고 조만간 아기가 말하는 단어들이 의미 있게 들리기 시작할 것이다. 또 그쯤 되면 아기는 물건에 이름을 붙이기 시작하는데, 활동적인 아기들은 곧 말도 시작할 것이다. 몸과 팔다리에서 나타나는 뚜렷한 움직임은 말을 하는 입 근처의 미묘한 움직임을 준비하는 것이다.

아기는 말하는 능력과 자신 주변의 물건이나 사건을 인식하는 능력으로 의미 있는 표현이나 질문을 한다. 이렇듯 아기는 말이나 표현으로 사고의 시작을 보이면서 자신의 감각으로 세상을 이해하며 자신의 내면에 세상을 받아들인다.

아기는 걷고 말하고 생각을 시작하는 등 발달 단계의 전형적인 특징을 보이다가 '세 살'이 되면 놀랍게도 강력한 자기 의지를 지니게 된다. 아이 안에 싹튼 자기라는 인식은 성장하면서 그 모습을 달리하지만 이 시기의 자기인식은 자신을 둘러싼 세상을 느끼기 시작했다는 분명한 표시다. 그때부터 자신이 '나', 리처드, 피오나, 존이 되고 당신은 엄마나 아빠 등이 된다. 아이는 아기 때 사용하던 기저귀를 곧 벗을 것이며 다른 아기 용품들도 필요 없게 될 것이다. 가슴과 팔에 안겨 있던 아이는 높은 의자에 올라가려고 할 것이고, 그러다 마침내 의자에 올라가는 데 성공한다. 또 실내화 대신 운동화를 신고 담요나 숄 대신 외투를 입게 될 것이다.

이러한 시기가 왔을 때 자신의 생각을 가지고 있고, 당신에게 다가가거나 당신의 잠자리 곁에 누워 옛날이야기를 듣기 시작한다면 바로 세상으로 나아가는 인생의 첫 단계를 완수했다는 걸 말한다.

성장하는 아이

어린이의 삶은 '따라 하기'라고 해도 무방하다. 그렇게 세상을 알아가며 모방을 통해 자신의 느낌을 행동으로 표현한다. 내가 어렸을 때 있었던 일이다. 삼촌이 차고 문에 페인트칠을 하고 있었다. 나는, 사포질을 하고 깨끗하게 닦아낸 뒤 페인트칠을 하는 삼촌의 행동 하나하나를 자세히 지켜보았다. 그리고 나는 그 뒤로 몇 주 동안 계속 물 한 양동이와 오래된 붓을 들고 페인트칠을 하는 흉내를 내곤 했다. 마찬가지로 석탄 창고를 가득 채운 석탄 상인이 되기도 했다. 석탄을 싣는 자루나 광산차를 만들고 정원에는 탄광을, 또 검은 얼굴의 광부들을 만들곤 했다. 상상의 무대에서는 모든 것이 가능했고, 매일 50제곱미터의 우리 집 정원에는 새로운 세상이 만들어졌다. 모방의 힘과 능력으로 생각은 행동이 되었다.

아이가 뭔가를 계속 따라 한다면 그것은 아주 자연스럽고 건강한 일이다. 상상의 학습 방식은 본래 아이의 타고난 능력이기 때문이다. 그러나 이처럼 모험적이고 재미있는 단계에서도 가정의 지원은 반드시 필요하다. 아이를 맘껏 뛰어놀게 하면서도 한정된 공간 안에서 보호할 수 있어야 하기 때문이다.

하지만 이러한 모습도 점차 달라져 곧 다른 아이들을 만나 뛰어노는 때가 온다. 자신만의 생각과 의지가 있는 아이들이 만나면서 놀이는 점차 사회화되고 이 초기 학습은 바로 학교 교육으로 확장된다.

상상력의 힘에 영향을 받고 또 그 힘으로 강화되는 어린 시절과 그 시절의 놀이는 행동의 시간이라는 말로 특징지을 수 있다. 이 시기의 성공 여부는 아이의 의지에 달려 있다. 만약 주요 발달 단계의 특징적 변화가 적절한 시기에 일어나고 아이의 타고난 능력도 그에 맞게 잘 획득된다면 아이는 학교생활을 하는 동안 더 건강하고 활동적인 아이로 성장하며 삶에 더 많은 흥미를 느끼게 될 것이다. 물론 자신의 첫 번째 선생님도 만나게 된다.

아이는 걱정을 하기도 하지만 기대를 품고 새로운 경험을 찾아 학교에 간다. 운동장에서 아이들을 만나 노는 것뿐만 아니라 학교에는 수업과 신화, 전설, 마침내 역사적인 세계에 의해 공급되는 더 넓은 세상이 있다. 그 세상은 수와 색, 단어, 재료, 유체, 지리, 천문, 정치, 사회, 인종, 화학, 생물학, 시, 전쟁, 종교라는 형태들로 주어진다. 아이는 이 모든 것을 배우게 될 것이다. 그리고 교사가 바른 태도를 보인다면 닫힌 문이 조금씩 열리는 것처럼 아이는 헌신적이고도 놀라운 태도로 모든 것을 받아들일 것이다. 책을 읽고 글을 쓸 줄 알게 되면서 문학과 또 다른 것들을 배워 자신의 감정도 표현할 수 있게 된다.

경외심과 감탄

생활과 활력

잠재적으로 이것은 하나의 놀라운 단계이자 세상을 배우고 학습 능력을 기르는 시간이다. 그러면서 교사는 교육받을 권리가 있는 아이의 삶에서 존경받고 사랑받는 존재가 된다. "우리 선생님이 그만하면 됐다고 말했어." 이때는 남자아이와 여자아이가 육체적으로 그렇게 다르지 않다. 아이는 조화롭다. 또 어린 시절 병을 이겨내면서 건강해진다. 스스로의 체험이 더 강해질 때 자기성찰의 순간을 만나게 되는 것이다.

이렇게 십대에 진입하는 것은 슈타이너가 말한 것처럼 '세속적인 성장'이라고 표현할 수 있다. 이는 개인의 영혼이 세속적인 삶으로 들어가는 통합의 단계를 가리키는 재미있는 표현이다. 이렇게 아이가 십대가 되면 한층 발전된 중요한 통합의 순간이 나타나며 육체적으로나 심리적으로 남성과 여성 간에 더 명확한 차이가 드러난다.

라틴어 성장adolescere에서 유래한 청소년기adolescence라는 단어는 '성인이 되는 것'을 의미하며 더 강한 개인적 체험을 하는 시기를 가리킨다. 이것은 사춘기에 시작되는 육체적 변화와 함께 발달하는 청소년의 심리적 측면을 말하는 것이다. 에릭 에릭슨Erik Erikson은 이 기간을 세 단계로 나누었다.

사춘기   정체성 추구기   성숙기

사춘기에 접어든 청소년은 세속적인 성장이라는 측면에서 '추락'과 변화를 받아들여야만 한다. 자기 자신에 대해서

과학 실험은 삶의 신비를 설명하고 세상에 나아갈 수 있도록 도와준다.

더 많은 것을 생각하게 되고 외모가 변할 뿐만 아니라 외모에 대한 기호도 뚜렷해진다.

    청소년이 독립적으로 생각하고 지적으로 사고하는 등 좀 더 영리해지는 때가 되면 가족에게 저항하기도 하고 자신의 입장을 추구하기 위해 투쟁을 시작하기도 한다. 현실을 이상에 비추어보는 행동은 세상에 대한 걱정 때문에 시작된다. 청소년들은 다음과 같은 생각을 한다. '그래, 삶은 항상 완벽할 수 없어. 나는 내가 완벽하다고 생각하지는 않지만 나 스스로 뭔가를 만들어낼 수 있어. 시작하면 돼.' 마침내 청소년들은 자신들이 원하는 삶을 발견할 것이고 실패나 성공에 대비하며 그것을 달성하기 위해 첫걸음을 뗄 것이다. 생각은 청소년에게 균형 잡힌 판단을 하게 만들고 다양한 감정에 대처하게 만든다. 또한 타인을 친구나 동료 어쩌면 남편이나 아내 등으로 자신과 관계를 맺어야만 하는 독립적인 인격체로 받아들이게 한다.

    성년기 초반에 이르기까지 아이들이 보여주는 중요한 특징적 변화나 세부적 특성은 다음과 같은 질문에 대해 대답할 수 있는 기준이 된다. "이 아이의 성장과 발달이 잘 진행되고 있는가?" 발달 단계에서 어떤 특징적 사건이나 특성이 나타나지 않거나 또는 너무 빨리, 너무 늦게 나타날 때 우리는 걱정을 하게 된다. 아이의 부모는 이러한 이야기를 할지도 모른다. "나는 몇 달이 지나고 나서야 내 아이가 나를 보지 않는다는 걸 알았어요." 또는 "내 아이는 9개월이 될 때까지도 앉으려 하지 않았어요. 그때, 뭔가 잘못됐다는 걸 알았지요."

아동기 경험의 경로

아동이 발달하는 과정을 조사해 발달 단계별 특징을 파악해 두는 것은 우리가 정상 및 비정상적 발달을 판단하는 데 기본 틀을 제공한다. 특징들이 표준과 상당한 차이를 보일 때 우리는 비정상적 발달이라고 진단할 수 있다. 그러나 우리는 표준이라는 것이 실제로는 많은 아이들에게서 얻어낸 평균적인 모습으로, 하나의 추상적 개념이라는 사실을 기억해야 한다. 아동 발달이라는 범주 안에서 비정상을 분리하는 대신에 우리는 각 아동이 주인공이 되는 다양한 경험을 강조할 수 있다. 아이가 만들어내는 인생의 행로는 하나가 아니라 다양하다. 우리는 많은 아이들에게 시선을 돌려 그들의 다양한 행로와 만나려고 노력해야 할 것이다.

문을 열게 하는 웃음_다운증후군Down syndrome

다양하고도 특별한 도움이 필요한 한 무리의 아동들과 그들의 인솔 교사들이 고대 사원 유적을 보기 위해 그리스로 수학여행을 떠났다. 그들은 현지의 상점주인이나 차고 주인 등 말이 통하지 않아 필요한 도움을 딱히 받을 수 없는 다양한 사람들과 협상을 해야만 했다. 처음 며칠 동안은 이러한 만남 때문에 걱정이 가득했다. 그러다가 다운증후군 학생인 마리가 앞장서서 어떤 상점에 들어가자 무관심했던 주인의 태도가 달라지는 걸 느낄 수 있었다. 주인은 아이를 격려하며 더 많은 도움을 주었다. 다른 사람들과 빠르게 친해지는 마리의 능력은 걱정이 가득했던 이러한 만남들을 재미있는 순간으로 바꿔놓았다. 교사들이 마리에게 요구한 일은 아니지만 마리가 상점에 먼저 들어가는 것이 아주 큰 도움이 되었다. 먼저 들어가 "안녕하세요"라고 말하기를 좋아하는 마리의 모습을 보는 건 또 다른 즐거움이었다. 마리는 작은 빛의 대사였다. 나머지 일행들과 마찬가지로 말이 전혀 통하지 않았음에도 불구하고 마리는 정말 천진난만하게 아주 잘 해냈다.

운동장에서 뛰어노는 아이들의 얼굴을 살펴보면 모두 코와 귀, 입 등이 있지만 전체적인 생김은 모두 제각각이다. 그러나 다운증후군인 아이들은 얼굴 및 생리적 특징이 서로 유사해서 '장애아동'의 전형을 보여준다. 실상 이렇게 비슷한 특징들이 인종의 유형으로 묶여 모습과 성격이 매우 유사한 집단을 형성한다. 그럼에도 불구하고 이러한 아이들을 만나보면 비록 아무 관계가 없는 사이라 하더라도 그 아이들이 우리 형제이며 자매라고 느끼지 않을 수 없다.

다운증후군은 염색체의 수 이상 때문에 나타나는 증상으로 이러한 아이들은 염색체가 46개가 아니라 47개이다. 보통 21번째 염색체 쌍에서 이상이 발생하지만 다른 염색체 쌍에서 문제가 생기거나 혹은 염색체 한 쌍이 합쳐져 하나가 되는 경우도 있다. 이들은 모두 일종의 염색체 이상이다. 하지만 다른 측면에서 보면 이것은 태생적으로 보유하는 유전자 정보이고 또 발생학적으로 2개월째에 우리 모두에게 공통적으로 나타나

다운증후군
아이들

는 현상이다. 다만 다운증후군 아이는 이 시기를 지난 뒤에도 그 특징을 보유하는 것이다. 따라서 이러한 아이들은 개체 차원에서 일어나는 일반적인 분화 과정을 거치지 않으며 그래서 유아기 때나 아동기 때에 발달하지 못하게 된다. 하지만 다운증후군의 운명을 지고 있는 아이들에게서는 육체와 영혼이 통합되는 신비로운 모습이 확연히 드러난다.

이들은 앉기, 서기, 걷기, 화장실 훈련, 말하기 습득 같은 발달 초기 단계에서 일어나는 특징적 사건들이 대체로 늦어진다. 또 말을 하는 것도 어려우며 지적인 사고도 불가능할지 모른다. 심리학적인 면에서 보자면 이러한 아이들은 상상과 모방의 세계에서 생활하기 때문에 개방적이고 친근감을 드러내며 세상을 자신들의 울타리 안으로 끌어들인다. 또한 이들은 티 없이 순수하며 거짓말은 좀처럼 하지 않는다. 뭔가 들통이 나거나 혼날 때는 어린아이처럼 장난을 치거나 괴로워하기도 한다.

이 아이들은 종종 심장질환을 앓기도 한다. 또 감기나 사소한 질병에 쉽게 걸리는 예민한 체질이어서 적절한 환경이 요구된다. 그래서 교육을 받고 세상의 구성원이 되기 위해서는 도움을 받아야만 한다. 그들 자신의 목적을 위해서만이 아니라 사회 자체의 목적을 위해서라도 우리는 이 아이들이 사회의 일원이 되도록 돕고 이들의 성장에 관심을 기울여야 한다. 그런데 과도한 동정을 베풀거나 연민 어린 시선을 보내서는 안 된다. 그런 생각이나 행동은 세상과 아이들을 위해 꼭 필요한,

삶의 목적을 찾는 일을 방해할 것이기 때문이다. 앞서 보았던 다운증후군 아이들의 사진은 평온하고 친밀하게 느껴진다. 하지만 이 사진이 전부가 아니다. 다운증후군 아이들은 이해하기 힘든 행동을 하거나 심지어 공격성을 보이기도 한다. 하지만 한편으로는 우리가 생각하는 것보다 더 많은 다양한 도전을 할 수 있다는 점을 알아야만 한다.

기다리기_자폐아Childhood autism

20세기 중반 이후 우리는 자폐증으로 불리는 특별한 아이들의 집단을 점차 더 잘 알게 되었다. 자폐증autistic은 '자신'을 의미하는 그리스어 오토스autos에서 유래한 것으로 홀로 있다는 뜻을 내포하는 용어다. 이 질환은 아스퍼거증후군Asperger's syndrome 같은 유사 질환들과도 구별된다. 아스퍼거증후군은 자폐증과 유사한 특징을 보이기는 하지만 자폐증처럼 매우 냉담한 태도를 보이지는 않는다. 다만 특별한 생각이나 사고의 유형에 강박적으로 사로잡혀 있는 모습을 보일 뿐이다.

  갓난아기와 시선을 잘 마주치지 않는 엄마일수록 아기의 문제점을 신속히 알아차리지 못할 가능성이 크다. 엄마는 처음에는 조금 당황하고 약간의 걱정만 할 수도 있다. 하지만 점차 시간이 지나면서 아기와 자신 그리고 세상과 아기와의 관계에서 따뜻함이 부족하다는 걸 느낀다.

  보통 3년째에는 아이가 주변 환경과 어울리지 못하는 관계 장애가 있는 것이 뚜렷하게 드러난다. 이는 아이들의 모습이나 성격에서 다양한 방식들로 분명하게 나타난다. 예를 들면 갑자기 비명을 지르고 공격성을 드러낸다거나 어떤 버릇이 특별히 발달했다거나 손의 움직임이 이상하다거나 오랫동안 머리를 한쪽으로 기울이고 있는 모습 등을 보인다.

    사람과 환경에 대해 무관심하면서도 종종 물건을 특별한 방식으로 배열하는 것에 과도한 관심을 보이기도 한다. 자폐 증상을 보이는 아이는 상상력과 모방이 고착되어 있기 때문에 놀이에서도 일반적인 감각이 부족하다. 이러한 아이들은 종종 자신들의 정리된 세상이 방해받는다고 느끼면 좋지 않은 반응을 보이기도 한다. 그래서 부모는 소란을 피하기 위해 아이가 원하는 생활 상태를 받아들여야만 하는 경우도 있다. 하지만 이러한 아이들이 탁월한 지적, 예술적 능력을 보여주는 경우가 있다는 것도 잘 알려져 있다.

    한번은 전부터 알고 지낸, 자폐 증상을 보이는 아이를 만난 적이 있다. 내가 길게 늘어선 계단 밑 벤치에 앉아 있으려니 그 아이가 계단을 뛰어 내려왔다. 소년은 내게 다가와서 나의 손을 잡고 파랗고 아름다운 눈으로 잠깐 나를 바라보고는 내 무릎 위에 올라앉았다. 그러고 나서 내 팔로 자신을 감싸게 한 뒤 나에게 등을 기댔다. 그리고 오랫동안 그렇게 앉아 있었다. 다른 아이와 있었다면 아마 학교 이야기나 또 다른 화제로 약간의 대화를 나누는 따뜻하고 다정한 순간이었을 것이다. 하지만 그 아이와 있으면서 나는 나 자신이 완전히 공허해진다고 느꼈고 겉으로는 다정하게 보였을지 몰라도 내가 처음에 느

소아 자폐증 분별 기준[9]

A. 30개월이 되기 전에 징후가 나타남.
B. 다른 사람에 대한 반응이 부족함(자폐증).
C. 언어 발달에서 총체적인 결핍을 보임.
D. 말을 할 경우 즉시 또는 뒤늦은 반향언어 (음성 모방), 은유적 언어, 대명사 반전 같은 독특한 유형의 말을 사용함.
E. 다양한 주변 환경에 기이한 반응을 보임.
   예) 변화에 저항하고 생물체나 무생물체에 독특한 관심이나 애착을 보임.
F. 정신분열증처럼 착각과 환상 때문에 멍한 상태로 있고 연상 작용이 느슨하며 논리적이지 못함.

낀 기쁨은 그 아이와 나 자신을 구별하는 거리만큼 슬픈 감정으로 바뀌었다. 이 소년은 어떤 경우에는 자신의 세상에 약간의 간섭만 해도 크게 화를 내며, 간섭한 사람의 팔이나 다리를 아주 깊이 물어버리기도 했다.

다운증후군 증상을 보이는 아이는 세상을 사랑하고 세상에 쉽게 적응한다. 이와는 대조적으로 자폐증이 있거나 그와 비슷한 증상으로 폐쇄적인 아이들은 마지못해 '네'라고 말하고 자신을 '너' 또는 '존'이라고 부른다. 이들은 대개 스스로를 세상의 일부로 받아들이지 못한다. 이러한 특징은 대명사 반전 pronominal reversal으로 익히 알려져 있다. 스스로를 '나'로 인식하는 매우 중요한 체험이 이들에게는 어려운 일이다. 우리는 오로지 '자신 안에서' 자신을 체험함으로써 하나의 '나'가 된다는 걸 알 수 있다. 따라서 소아 자폐증은 세상과 자신을 어떻게 수용하느냐 하는 복잡한 문제들과 밀접한 관계가 있다.

브루노 베텔하임Bruno Bettelheim의 『비어 있는 요새The Empty Fortress』라는 책 제목은 치료적 접근 방법을 찾는 어려움을 잘 요약해 놓았다.[10] 우리는 성가신 일은 하지 않고 이 복잡하고 문제 많은 세상 속에서 요새를 짓고 사는 듯 보이는 사람들 때문에 상처를 받는지도 모른다. 인생을 붓다 같은 자세로 살아간다는 것은 불가능하다. 또 타인이 거의 넘을 수 없는 벽을 세우고 사는 것도 격분할 일이다. 그렇더라도 누군가가 벽을 기어오르고 강제로 문을 밀어뜨리려고만 한다면 그 사람은 아이의 영혼을 훨씬 더 깊이 숨게 할 뿐이다. 무턱대고 아이에게

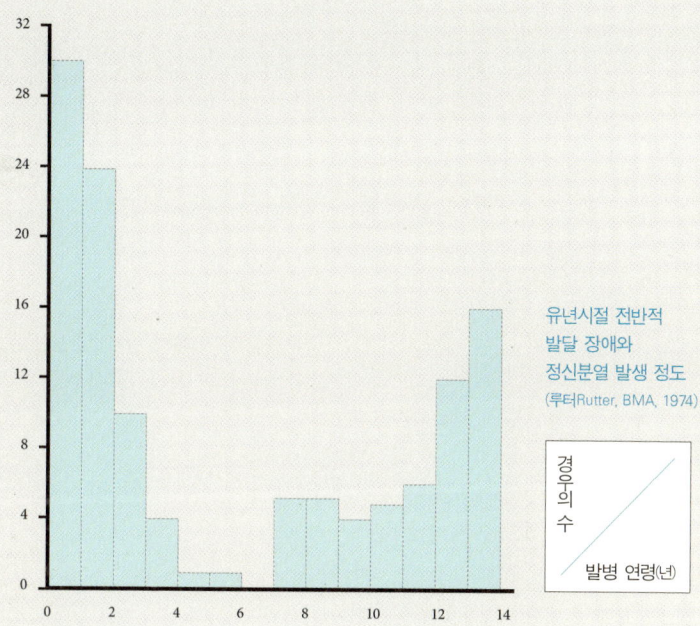

유년시절 전반적 발달 장애와 정신분열 발생 정도 (루터Rutter, BMA, 1974)

접근하지 말고 아이가 세상과 다른 이들을 받아들일 준비가 되었는지를 알고 나서 아이를 돕는 방법을 찾아야 한다.

아동기에는 기본적인 인격 장애, 비뚤어진 지각과 반응으로 나타나는 주요 발달 장애들이 있다. 이 중에서도 자폐증은 특별한 특징을 보여준다. 이는 아동기 후반에 정신분열이나 정신병으로 나타나는 다른 유형의 장애들과 구별되어야 한다.

머뭇거리며 찾아오는 불청객_뇌성마비 cerebral palsy

출생 후 몇 개월이 지난 아기를 잘 살펴보면 아이는 어느새 엄마가 있는 쪽으로 자신의 머리를 돌리려고 한다는 걸 알 수 있다. 자신의 머리를 가눌 수 있는 능력은 팔다리를 아무렇게나 본능적으로 움직이는 것과는 차이가 있다. 6개월이 되면 아기는 하반신을 마음대로 움직일 수 있게 되고 거의 앉을 수 있게 될 것이다. 이러한 과정을 거쳐 첫돌 때가 되면 서고 걸을 수 있게 된다. 우리는 여기서 조절 능력이 머리에서 몸으로 그리고 팔과 다리로 하강하는 걸 발견하게 된다. 아기가 자신의 팔과 손을 뻗어 바닥을 짚고 작은 발과 통통한 다리로 스스로 일어서는 마술 같은 순간, 그렇게 아장아장 걸으면서 아기의 몸은 균형을 이루는 것이다. 걷는 게 서툴고 항상 탁자에 부딪쳐 넘어져도 즐겁고 꿈 많은 이러한 작은 아기들에게는 누군가가 꼭 필요하다. 보통 그 누군가는 아기를 계속 지켜보는 엄마가 된다.

뇌성마비 아동들 가운데서도 어떤 아동들은 위와 같은 모습을 보인다. 실제로 뇌성마비 아동은 어떤 단계에서는 꽤 평범해 보이는 경우가 있다. 물론 신체상의 통합과 공간적인 통합을 오랜 시간에 걸쳐 이루는 아동들도 있다.

뇌성마비는 주요 운동 기능의 발달 장애와 관계가 있다. 뇌성마비는 여러 상태들을 나타내는 포괄적인 용어로 팔다리에 통제력을 잃고 근육 경련이 일어나거나 뻣뻣해지는 상태인 경직 spasticity, 표정 조절을 포함해 몸의 모든 조절기능

뇌성마비인 사람은 창조적인
작업을 하면서 더 큰 기쁨과
자아감을 느낀다.

결핍으로 비자발적으로 일어나는 움직임인 무정위운동athetosis, 불안정과 부족한 조정력이 나타나는 운동 실조ataxia 등과 같은 증상을 보인다.

이러한 상태들은 보통 출생 시 산소 결핍으로 발생한 뇌 손상의 결과로 운동을 조절하는 원형 통로가 방해를 받아 발생하는 것이다. 이렇게 되면 아이는 계속 성장하지만 자신의 몸을 완전히 통제하지는 못하게 된다. 운동 장애에는 여러 단계들이 있는데, 거의 눈에 띄지 않게 손과 발이 떨린다거나 머리가 한쪽으로 기울어 있는 등의 가벼운 형태로 나타나기도 한다. 중증으로는 완전히 움직이지 못하는 경우가 있을 수 있고, 세심한 간호를 받는 일 외에는 어떤 것도 할 수 없는 경우도 있다.

이러한 아동이나 청소년들 가운데 대다수가 온전한 지적 능력이 있다. 그리고 우리는 이 사실을 늘 기억해야 한다. 이것은 정말 중요한 일이다. 내면적 경험과 신체적 기능 사이의 불일치를 겪고 있는 개인을 돕는 데는 큰 관심이 요구된다. 그동안 뇌성마비 아동들의 교육을 위해 특별한 환경을 만들어 왔고 많은 부분에서 성공을 거두었다. 심각한 지적 장애를 함께 갖고 있는 아이들의 경우에도 이들은 자신의 팔다리를 조절하는 방법을 배워야 할 것이다.

이 아동들이 자고 있는 모습을 보면 평상시에는 뻣뻣하거나 통제되지 않던 팔다리가 침대에 편안히 놓여 있고 관절 또한 유연하다는 걸 알 수 있다. 깨어나는 아이의 눈을 보는 것은 감동적인 경험이지만 움직임이 시작되면 몸이 경직되고 다른 현상들도 곧 되돌아온다. 이러한 순간들을 보면 수면 중에는 영혼이 다른 곳에 있고 활동 중에는 몸에 힘이 들어간다는 확신이 든다. 이 아동들은 줄곧 유년의 삶이나 심지어 아기 같은 생활에 머무는 것처럼 보일지도 모른다. 밥을 먹여줘야만 하고 여전히 기저귀를 차거나 산책을 시켜줘야 하니 말이다. 또한 어떤 뚜렷한 이유 없이 때때로 괴로워하거나 때때로 웃는, 정서적으로 미숙한 상태를 보이면서 이에 대한 의식조차 부족하기 때문에 그냥 어린아이로 여겨질 수도 있다. 이들은 어린아이처럼 행동의 결과를 생각하지 않고 손을 뻗어 접시나 식탁보를 잡으려고 한다.

이러한 아이 옆에서 그 아이가 자유롭게 움직이고 달리고 뛰며 즐거워하는 모습을 마음의 눈으로 볼 때면, 우리 안에서는 연민이 아닌 동정이 강하게 일어난다. 만약 뇌성마비 아이가 사랑이 가득한 헌신으로 보살핌을 받고 평범한 사회생활 속에 들어가 음악이나 대화, 운동, 마사지 등의 치료를 받는다면 이들은 이 모든 것을 흡수해서 마음의 눈으로 본 상상을 현실로 이룰 것이며 또한 미래까지도 그 모습을 이어갈 것이다.

전혀 예측할 수 없는 아이_과잉행동장애 hyperactive child

내가 처음 제임스를 만났을 때, 그는 잠시도 가만히 있지 않는 7살 작은 소년이었다. 그 아이는 항상 그를 제지해줄 어른과 함께 있어야만 했다. 제임스는 아주 어린 시절부터 과잉행동을 보여 왔는데, 끊임없이 움직이고 달리며 어딘가를 올라갔다고 한다. 그는 빠르고 반복적이며 갑작스런 말로 다른 아이를 자극하거나 괴롭히기도 했다. 육체적으로 또는 말로 공격을 했으며 그런 행동들은 심지어 위험하기까지 했다. 제임스는 돌을 던지거나 긴 못 또는 칼을 다른 사람에게 들이대며 위협하기도 하고 자신을 막으라며 떼를 썼다. 행동장애가 뚜렷하고 신경성 안면 경련 증세도 있어서 얼굴을 찡그린 채 끊임없이 말을 해댔다. 학교에서는 수업을 방해하며 소동을 피웠다. 잠자는 일도 문제여서 아이를 침대에 누워 있게 하기 위해서는 밤마다 방 바깥에서 누군가 늘 대기하고 있어야만 했다. 하지만 이와는 반대로 따뜻하고 친근하며 사려 깊은 모습을 보이는 때도 있었다.

한 번은 나와 함께 거리를 걸으며 주변 가게를 구경하고 있었다. 그러다가 어떤 매장에 들어갔는데 갑자기 제임스가 내 손을 뿌리치고 진열된 옷 선반 아래로 뛰어 들어갔다. 나는 그의 꿍꿍이가 뭔지도 모른 채 그를 쫓아 뛰었다. 다행히 별일은 아니었고 곁눈질로 발견한 감자튀김 한 조각을 주웠을 뿐이다. 그 아이가 어떤 행동을 할지는 아무도 모른다.

제임스와 비교할 건 아니지만 활발한 지력이 있는 평균 두세 살짜리 아이도 다루기가 어려울 수 있다. 아이가 카펫 위에 잉크 한 병을 쏟거나 전기 콘센트 구멍에 뜨개질바늘을 밀어 넣어 큰 사고를 일으킬 뻔한 일들을 경험한 부모들이 주

위에 한둘씩은 있지 않은가.

　　제임스는 아동기 초기에 뇌염후증후군post-encephalitic syndrome을 겪었다. 뇌염은 뇌에 염증이 생겨 고열이 나고 결국 뇌가 손상되는 질병을 말하는데, 이것은 수두나 홍역 같은 아동기 병이나 예방접종 및 면역 조치에 의해 발병하기도 한다. 백일해 백신이 뇌 손상에 관여한다는 건 이미 널리 알려져 있다. 뇌염 때문에 뇌 손상을 입은 아이는 몸이 쇠약해지는데, 이는 또 다른 복합적인 어려움을 유발하는 원인이 된다.

　　이러한 아이들은 잠자리에서 불안정한 모습을 보이는 경향이 있다. 몸을 흔들기도 하고 말을 잘 이해하지 못하며 몇 마디의 말만 하거나 전혀 하지 못하기도 한다. 일부는 자폐 증세 또는 정신과적 소견을 보이며, 보이지 않는 존재를 본 것처럼 타인에게 경솔한 행동을 하거나 웃기도 한다. 손으로 하는 일은 극히 제한적이어서 음식 섭취나 다른 사람의 요구를 이행하는 데 좋지 않은 영향을 미치기도 한다. 이들은 경련성 질환에 걸리기 쉽고, 보살피고 교육하기 어려운 경우가 많다. 가정에서 부모들은 점차 절망감을 느끼게 될 것이다. 오직 기숙 가능한 특수학교만이 이러한 아이를 교육적으로 도울 수 있는 가능성을 보여준다.

　　뇌와 신경 계통에 받은 손상은 아이들이 적절한 생각을 하지 못하게 하며 행동 또한 균형을 찾지 못하게 한다. 과잉행동을 보이는 아이가 내면에 질서와 평안을 찾기 위해서는 도움을 받아야만 한다.

경련성 질환 Convulsive disorders (간질)

여름날 오후, 정원에 있는 그네 옆에 캐럴이 서 있었다. 캐럴은 가족과 함께 휴가를 보내는 중이었고 가족들은 저녁에 무엇을 할지 의논하고 있었다. 의견 차이로 어느 정도 긴장감이 흐르고 있었다. 연극을 보러 갈까, 영화를 보러 갈까 아니면 산책을 갈까? 결국 영화를 보러 가기로 결정이 났다.

캐럴은 짜증스러웠지만 이제는 마음이 좀 가라앉았고 모든 게 순조로웠다. 그런데 갑자기 캐럴의 오빠가 신문에 난 다른 영화 광고를 발견했다. 그러고는 다른 제안을 했다. "이 영화는 어때요, 더 재미있어 보이지 않아요?" 이는 하지 말았어야 할 행동이었다. 다른 사람들이 다시 이야기를 시작하는 동안 캐럴은 마치 번개를 맞은 것처럼 땅바닥에 쓰러져 경련을 일으켰다.

캐럴은 어릴 때부터 간질을 겪어 왔다. 캐럴이 발작을 일으키자 모두 달려들어 캐럴을 도왔다. 오후의 계획은 사라졌고 분위기가 가라앉으면서 대화가 급격히 줄었다. 그런 뒤, 의식을 되찾은 캐럴이 조금 있다가 조용히 잠자리에 들었다. 어쨌든 휴가 중 긴장이 최고조에 달했던 그날의 복잡했던 일들은 가족 모두에게 적잖은 영향을 끼쳤다. 하지만 가장 크게 영향을 받은 사람은 그날 쓰러진 캐럴이었다. 캐럴이 곧 회복되자 가족들은 처음에 보기로 했던 영화를 보러 가서 함께 즐거운 저녁시간을 보냈다.

또 다른 경우를 보자. 리처드는 간질 발작으로 마루

에 누워 있었다. 발작 증세는 꽤 규칙적으로 일어났다. 그는 거의 말을 하지 못했고 말을 하더라도 아주 약간만 할 수 있었으며, 가끔 매우 공격적이어서 남에게 상처를 입히기도 하는 아이였다. 리처드는 마루에 누워 있고 누군가 조용히 그를 부르고 있었다. 그 사람은 로즈메리 풀 성분이 들어간 로션 병을 가지고 와서는 리처드의 이마와 관자놀이, 목에 발라주었다. 그 향은 기운을 북돋우고 자극하는 효과가 있는데, 마치 리처드가 숨을 쉴 때마다 의식을 되찾는 것 같았다. 그리고 정말 몇 분만에 리처드는 눈을 떴고 원래의 표정으로 돌아왔다. 회복된 것이다. 발작이 일어난 상황에서 그 로즈마리 오일이 어떤 도움을 줄 수 있는지 보여주는 좋은 예이다.

간질은 경련성 질환이고 의학적으로 심각한 정도에 따라 가벼운 발작petit mal 또는 대발작grand mal으로 불린다. 만약 평범하게 성장하는 아이나 성인에게 이러한 증상이 나타난다면 의학적 치료만 필요할 것이다. 그러나 복합장애의 일부로 발작이 나타나는 리처드의 경우에도 그 증세가 명백히 존재하기 때문에 간질의 증세로 간주해야만 한다. 그러나 순간적인 결핍을 보이는 가벼운 발작 증세는 생활 속에서 항상 큰 위험을 동반하는 대발작과는 다르게 다루어져야 할 것이다.

앞서 밝힌 두 사례는 의학적 관점에서 소개한 것이 아니다. 두 사례에 등장하는 아동들은 모두 치료를 받고 있었다. 캐럴의 경우에는 발작이 일어나는 경우가 드물었지만, 리처드의 경우에는 발작이 자주 일어났고 또 심각했다. 이 경우에는 구체적인 조사가 요구된다. 캐럴은 유아 초기 면역 조치 이후에 뇌염후증후군을 체험했다. 그녀는 성격이 날카로웠고 타인과 관계를 맺는 걸 어려워했다. 말도 할 수 있고 손재주도 있었지만 간섭을 당하거나 구속을 받으면 요구가 많아지고 과잉행동을 보이며 공격성을 드러내기도 했다. 이러한 아이들은 종종 성격이 강하고 자신의 내적 경험에는 예민하지만 타인에 대해서는 그렇지 못하다. 타인과의 경험을 효과적으로 다루지 못하는 상황에 대처하려는 시도로 긴장이 고조되면, 세상을 일종의 꿈처럼 비현실적으로 받아들인다.

첫 번째 경우, 갑자기 발생한 상황에 대처하기가 어려웠고 그 결과 발작이 절정에 다다랐다. 되돌아보면 캐럴의 발작은 충분히 이해할 만했고 피할 수도 있었던 것이다. 우리는 개성이 형성되려는 유기체가 너무 강하고 우둔하면 자신을 둘러싼 세상 안에서 성공적으로 적응할 수 없다고 말할 수 있다. 성공적인 진입을 위한 노력은 내면적 긴장을 일으키고 발작 시 힘겨운 싸움을 하게 한다. 그리고 그 뒤 '하늘은 맑아'지고 영혼은 새롭게 발견되는 평화와 평온으로 돌아온다. 한편으로 꿈을 꾸는 사람이라고 할 수 있는 이 아이들은 꿈에서 깨어나려고 노력한다. 그러나 뒤처지고 자신 밖으로 내던져지며 급격히 허물어진다. 이 아이들은 일어나서 잠잘 때까지 늘 순간적으로 일어나는 발병의 출발선에 놓여 있는 것이다. 이러한 현상은 떨림, 긴장, 안색의 변화 등에서 명확하게 드러난다.

두 번째 사건은 무의식의 시간이 끝나고 난 뒤 의식이

돌아오는, 즉 깊은 잠에서 깨어나는 상태로서 발작 이후에 일어나는 극적이고 마술 같은 사례다. 정신은 마치 육체 속에 다시 들어온 것처럼 활동을 시작한다. 우리는 발작을 일으키는 환경을 탓하는 대신에 첫 번째 사례에서 보듯이 늦기 전에 그런 상황을 피하려고 노력해야 한다. 이 아이들은 세상과의 균형을 잃고 의식과 무의식 사이에서 방황하는 자신을 발견하게 된다. 우리는 복합장애로 괴로워하는 이러한 아이들의 개별적 특성을 이해할 수 있어야 한다.

신경과민증Over-sensitivity(히스테리)

자신의 주변 환경과 세심한 관계를 형성하려고 노력하고 자신의 육체와 융화되기 위해 씨름하는 아이들의 맞은편 극단에 서 있는 아이들의 증상이 신경과민증이다.

한 소년이 매우 심각한 얼굴로 내게 와서, 길을 가다가 문득 자신의 삶이 바뀌지 않을 경우 자기 가족에게 큰 비극이 될 것이라는 생각이 들었다고 말했다. 이 아이가 정신적으로 아무 문제가 없다는 걸 안다면 이러한 경우 나는 어떻게 해야 할까? 만약 내가 그런 말도 안 되는 소리는 하지 말라고 한다면 그 아이는 심한 충격을 받을 것이다. 자신에게는 '사실'인 깊은 내적 체험을 내가 이해해주지 못하는 것이 되기 때문이다. 이 만남에서 인상적인 것은 나를 바라보는 소년의 진지한 두 눈이었다. 소년의 모습은 또래와 달리 너무 성숙했고 또 너무 진지했다. 하지만 소년이 하는 생각과 체험들이 다른 사람들을 힘들게 만든다. 낯선 상황이라면 이 아이들은 상당히 평범하거나 재미있어 보이기도 하며 처음에는 동정을 이끌어 내기도 한다. 그리고 오직 그런 때에만 사람들은 이 아이의 말이 사실에 기초한 것인지 아닌지 생각하게 된다.

앤은 예쁘다. 그리고 성격도 섬세하다. 하지만 아직 어리고 말주변이 없으며 다른 사람을 지나치게 배려하고 신경 쓴다. 가끔 이러한 성향이 과도해지면 다른 사람에 대한 관심과 의식이 자신을 몹시 흥분시켜서 평상시와 다른 이상 행동을 한다. 옆에 있는 사람을 잡고 웃으며 자신의 머리를 흔들어대는 것이다. 누군가가 이를 제지하기 전까지 계속된다.

또한 자신과 친밀한 사람의 습관, 예를 들어 자신과 가까운 사람의 식사 습관을 따라 하거나 그 사람이 즐겨 먹는 음식을 자신도 좋아하는 경우가 있다. 시간이 지나면 이러한 변화를 알아차릴 수 있게 된다. 앤은 과도한 관심을 가진 채 누군가를 바라보지만 이 다정한 성향은 상대방을 점점 짜증스럽게 한다. 상대방은 마음속으로 '날 혼자 있게 해줘' 하고 말하지만 앤은 이러한 것에는 오히려 둔감하다. 만약 상대방이 드러내놓고 짜증을 내거나 과도한 관심을 더 이상 참을 수 없다는 표현을 하면 오히려 지속적인 애정과 집착의 대상이 될 수도 있다.

이 아이뿐 아니라 이와 비슷한 성향의 아이들은 자신의 주변이나 다른 사람들에게 지나치게 민감하다. 이 아이들에게는 상대방이 어떤 상태인지 느낄 수 있는 육감이 있는 것 같다. 만약 상대방이 피곤하고 컨디션이 좋지 않으면 이를 이용해 상대방을 아주 힘들게 하기도 한다. 조심스레 말하자면, 이 아이들은 다른 사람들이 싫어하고 거절하며 멀리하고 싶어 하는 사람들이다. 다른 사람들이 이들의 예민함에 저항이라도 하면 이들은 더 뚜렷한 문제 행동을 일으킬 뿐만 아니라 시무룩하고 우울해하기도 하며 극단적인 관심 유발 행동을 보이기도 한다.

　　　아이들이 이와 같은 행동을 하는 이유는 따뜻한 관심을 원하기 때문이다. 하지만 이 아이들은 오히려 이러한 행동 때문에 사람들에게 거절당한다. 사람들은 이 아이들을 멀리하려 하고 자신의 공간에서 밀어내려 하기 때문에 이들의 이러한 행동들은 화를 자초하는 것이다. 이 아이들이 스스로를 더 많이 생각하고 자신만의 심리적인 공간을 받아들일 수 있도록 도와주어야 하지만 상당히 어려운 일이다.

취약X증후군Fragile X syndrome

20년 전만 해도 소위 취약X증후군이 무엇인지 명확히 알려지지 않았다. 그 뒤 아동들에게서 나타나는 이 증상이 유전적 요인인 염색체 구성의 이상 때문인 것으로 밝혀졌으며, 다운증후군 증상과도 유사하다는 사실이 드러났다. 취약X증후군은 여성 염색체인 X 염색체 말단에서 비정상적인 단절이 발생해 취약점이 생기고 그 결과로 나타나는 일련의 증상들을 가리키는 것이다. 이 증후군을 발견하기 전에는 이 증상의 아동들을 종종 자폐아로 보기도 했다. 상대방의 눈을 잘 마주치지 않거나 질문에 적합한 답을 하지 않기 때문이다. 이렇듯 취약X증후군은 몸짓이나 걷고 말하는 면에서 자폐증과 유사한 증상을 보인다. 이 증상이 취약X증후군으로 알려지기 전인 1968년에 로테 살만Lotte Sahlmann 박사는 취약X증후군을 이미 설명했다.[11] 박사는 하나의 '총체적 표정'을 지닌 명확한 증후군이라고 말했다. 이 증상을 가진 아이들이 수줍어하는 태도를 보이는 이유가 자폐성 때문이 아니라 다른 사람들에 대한 극도의 예민함 때문이라는 사실을 발견한 건 매우 중요한 일이었다.

  이 아이들에게는 다른 사람들의 행복을 감지하는 능력이 있다. 이들은 따뜻한 성격에 이타심도 강하며 끊임없이 다른 사람들에게 다양한 관심을 보인다. 어떤 아이는 내가 개인적인 대화를 하고 있을 때마다 늘 가까운 문이나 울타리에 서 있다. 내가 쳐다보면 그 아이는 따뜻한 미소를 보이며 쑥스러워한다. 나는 그 아이에게 실망을 안겨줄 수가 없다. 또 그는 매우 예의바르고 친절하며 다른 사람들을 잘 돕는다. 그리고 계속해서 이러한 인사를 한다. "안녕하세요? 좋은 날씨입니다, 좋은 날씨예요." 그 아이는 모든 사람의 상태뿐만 아니라 이름도 다 알고 있다.

실어증Aphasia

실어증과 난독증을 감각 기관 장애로 여기는 경우는 드물다. 이 증상들은 듣기 능력뿐만 아니라 듣기보다 더 발전한 두 가지 능력, 즉 말과 의미를 전달하는 소리를 구별하는 능력과 관련이 있다. 소리를 구별하는 능력은 일반적으로 아이가 두 살 혹은 세 살 때에는 갖추고 있어야 할 것으로 본다. 옹알이를 하는 아이는 많은 말들을 듣지만 그 말들이 정제되어 모방의 형태로 아이의 신체 안에서 울림을 만들어낼 때까지는 말을 하지 못한다. 이것은 수용하고 실행하는 과정이다. 아이들 가운데는 소리를 완전히 못 듣는 건 아니지만 소리가 뚜렷하게 또는 구별되어 들리지 않기 때문에 말을 이해하지 못하는 아이들이 있다. 이러한 상태를 수용실어증receptive aphasia이라고 한다. 이와 달리 언어를 이해하고 구두 지시에 반응할 수는 있지만 논리적으로 말을 할 수 없는 아이들도 있다. 이러한 상태를 수행실어증executive aphasia이라고 한다.

  실어증은 때때로 심각한 자기 침잠이나 관계 장애의 형태로 나타나서 자폐증으로 오인될 때가 있다. 그러나 비록 입으로 대화를 하지 못한다고 해도 실어 증세를 보이는 아이들에게 자폐 증세가 있는 건 아니다. 오히려 자폐 증세는 대인관계 장애의 결과로 나타나는 부수적인 증상일 뿐이다. 우리가 아동 발달에 관해 앞서 설명한 내용을 생각해본다면, 실어증 아동은 분명 발달 단계에서 두 번째로 나타나야 할 획기적 사건인 말하기라는 단계를 성취하지 못한 것이다. 아동의 발달 단계에서 걷고 말하고 생각할 줄 알게 되는 신체적인 변화는 유아 초기의 주요한 성취다. 실어증은 이러한 발달에 실패한 결과 나타나는 것으로, 말하자면 언어와 의미의 풍경 안으로 들어갈 수 없음을 뜻한다. 그러므로 다양한 소리와 언어를

직접 마주보고
대화하는 것은
말과 글을 하나의
이미지로 잘
연결하지 못하는
실어증 아동에게
큰 도움이 된다.

드라마 치료는
실어증 아동들의
민감성과 상상력,
참여 의지를
자극한다.

사용하는 방법과 더불어 운동 연습, 특별히 균형 잡힌 동작이나 율동 치료에서 제시하는 약속된 움직임을 중요한 치료 방향으로 삼을 수 있다.[120쪽 참조] 이 둘 모두 아이의 미묘한 운동 조직에 영향을 끼친다.

또한 말이 범람하는 이 세상 속에서 말을 못하는 사람들이 마주치는 극심한 장애로 실어증을 진단하는 것도 중요한 일이다. 실어증 아이는 자신이 모르는 언어를 사용하는 외국에서 살고 있는 것과 같다. 이러한 비유는 실어증 아이가 처한 상황을 이해하는 데 어느 정도 도움이 될 수 있을 것이다. 실어증 아이의 의사소통 장애를 제대로 인식하지 못하면 이들은 극심한 좌절감 때문에 공격적이면서 불안한 행동을 보일지도 모른다.

난독증

이 장 앞부분에서 우리는 기본적인 언어를 넘어 사고와 개념을 공유할 수 있는 표현의 수단 또는 의사소통을 발전시키는 방법으로 독서와 글쓰기를 설명했다. 이러한 능력을 습득함으로써 언어 분야는 듣기, 단어 구별, 의미를 넘어 의사소통이라는 사회적 장으로 확대되고 비로소 우리는 세상의 구성원이 된다. 하지만 주변을 둘러보면 독서 장애가 있고 자기표현을 꺼리는 친구가 한 둘 쯤은 있을 것이다. 오늘날 일반적으로 난독증을 잘 이해하고 있고 더 이상 사회적 오명으로 여기지는 않더라도 글쓰기는 하나의 특별한 문제가 된다.

독서를 하고 글을 쓰기 시작하는 시기가 될 즈음, 말을 습득하는 단계에 있던 아이는 단순한 상상으로 그림을 그리는 데서 추상적인 글자 세계로의 변화를 요구하는 창의적인 체험을 한다. 따라서 아이가 읽기와 글쓰기를 배우는 시기와 방식은 매우 중요하다. 그래서 난독증 같은 잠재적 어려움을 다룰 때에는 민감하고 특별한 주의가 요구된다. 난독증이나 학습 장애가 있는 아이를 위한 교육법으로는 슈타이너 학교에서 시행하는 창의적인 저학년 교육과정을 꼽을 수 있다.

이 교육과정은 상상력이 풍부한 아이의 내적 경험을 인정하고 아이들을 점차 우리가 지향하는 독서와 글쓰기로 이끌어간다.

스펙트럼 확대하기

아동 발달에서 정상과 비정상에 대한 우리의 개념이 확대된다면 비로소 우리는 아동의 평균적인 발달을 말할 수 있을 것이다. 우리는 더 이상 정상 또는 비정상으로 아이를 설명하지 않으며 오직 '아이'를 말할 뿐이다. 오늘날 사용하는 용어에서 이것은 하나의 '전체론적' 접근법이자 가능한 모든 색깔의 다양한 스펙트럼을 담고 있는 풍경이다.

부모나 교사, 많은 아이들을 다양하게 만나는 직업에 종사하는 사람들은 다음과 같은 성향들에 주목한다. 항상 명랑

하고 사랑스러운 아이, 퇴보형 아이, 둔감하거나 너무 예민한 아이. 이 미묘한 성향들은 다양한 아이들에게서 나타나는 일반적인 특성으로, 알아차리기 어려운 게 아니다. 하지만 부모와 교사가 인식할 수 있는 어떤 것으로 발전해야만 그때서야 특별한 관심을 받을 것이다. 인류학 측면의 아동기에서 더 깊이 들어가면 우리는 머리가 큰 뇌수종 아이와 머리가 작은 소두증 아이를 만날 수 있다.

뇌수종으로 머리가 큰 아이The large-headed child

한 번은 사례 발표 학회에 참여한 적이 있다. 그 학회의 사회자는 논의가 되고 있는 소년을 한 번도 만난 적이 없었다. 사회자는 그 소년이 자유롭게 말하며 자신의 생각을 표현할 수 있게 했다. 소년은 조용하고 신중하며, 이타적 행동으로 자신을 아름답게 드러냈고 다른 사람들의 요구에 헌신적이었다. 또한 학교에서 배우지 못한 많은 관심사들에 관해서 말했다. 소년은 혼자 있어 본 적이 많지 않았다고 했다. 소년의 말이 매우 타당하게 들렸기 때문에 그 자리에서 소년이 한 말에 반대 의견을 말할 여지가 없어 보였다. 매력적인 말투, 화려한 발표, 점잖고 사려 깊은 단어를 선택함으로써 소년은 자신의 가족과 그를 아는 사람들을 제외한 그 밖의 모든 사람에게 완벽하게 정상으로 보였다. 사실 소년은 꽤 시끄러운 데다가 평화롭고 조용한 것과는 거리가 멀었다. 소년과 함께 사는 사람들은 소년이 다른 사람들과 떨어져 홀로 있지 못했기 때문에 소년이 더 많은 시간을 혼자 보낼 수 있기를 바랐을 것이다. 소년이 관심을 보인 것은 비현실적이었다. 또 말하는 내용과 이루고 싶은 꿈은 전에 말한 적이 없던 늘 새로운 것들이었다. 그리고 다른 사람을 도우려고 한 행동이 종종 더 많은 문제를 일으키곤 했다. 이러한 예가 사소한 것처럼 보일 수도 있다. 이러한 아이가 진실을 말하지 않는다고 한들 뭐가 그리 중요하겠는가? 하지만 이 아이가 원하는 것을 말하게 할 수도 있다. 하지만 아이를 돕고자 한다면 아이의 성격에 대한 구체적인 특징을 먼저 알아야 한다.

우리가 뇌수종으로 알고 있는, 이른바 만성적 대두大頭인 아이들은 태어날 때부터 머리의 무게가 나머지 몸의 무게와 같다. 뇌수종은 모든 사람이 거치는 발생의 어느 단계에서 나타나는 질병이며 거의 선천적인 것으로, 유아 초기에 드러난다. 뇌수종은 아이의 삶에서 하나의 결정적인 요소가 되며 의학적으로 뇌수를 경감시켜 머리의 크기를 줄일 수는 있지만 그 영향이 남는 것으로 알려져 있다.

뇌수종 아이들은 태아 시기의 아이처럼 윗머리가 둥글고 얼굴보다 더 두드러지게 보인다. 이들은 전형적으로 앉고 서고 걷는 게 늦고 정수리의 숨구멍fontanelle은 보통아이보다 더 오랫동안 열려 있다. 그리고 자주 엄마에게 강한 애착을 보인다. 이 아이들의 상상력은 지성을 지배한다. 활발한 상상력과 예술적 성향이 아이를 이성보다 환상에 가까운 세계로 이끈다. 또한 수업에 집중하지 못하고 특히 수학 같은 과목에는

뇌수종 아동은 교사가 리듬
협응 훈련을 창안하려는
순간 이미 함께한다.

더 큰 어려움을 느낀다. 게다가 대체로 냉담한 기질이 있어서 실제 활동에는 거의 참여하지 않는다.

말하기를 좀 더 일찍 시작하는 등 특정한 자질이 우월하게 드러나기도 하는데, 이 때문에 거의 왕처럼 지나치게 점잖은 분위기를 내기도 한다. 그러나 자신이 부정되거나 공격을 받으면 갑자기 화를 내거나 조바심을 내며 공격적으로 바뀌기도 한다.

소두증으로 머리가 작은 아이 The small-headed child

만약 뇌수종 아이가 운전사와 마부, 시중드는 하인을 거느리고 위풍당당하게 마차에 올라 나무가 늘어선 거리를 행차하는 왕자와 같다면 소두증 아이는 트랙을 맹렬하게 달리는 자동차 경주자와 같다. 이 아이들은 얌전한 수행원 대신에 기름과 때로 뒤덮인 엔진 위에서 머리와 손을 사용하는 자동차 정비사가 될 것이다.

극단적인 경우, 관자놀이가 병적으로 가느다란 소두증 아이들이 있는데 이들에게서 교육 효과를 기대하기란 매우 어려운 일이다. 이 아이들은 대체로 작고 뾰족한 얼굴형에 안색이 창백하고 이마가 움푹 들어가 있다. 또한 정수리의 숨구멍이 닫힌 채로 태어나며 팔과 다리가 긴 것이 특징이다. 또한 손이 크고 기계 조작에 능숙하며 세부적인 것에 지나친 관심을 보인다. 뇌수종 아이와는 달리 이 아이들은 정신이 말똥말똥하고 쉽게 산만해지며 자신의 소유물을 관리하기 위해 이리저리 뛰어다니느라 매우 바쁘다. 이들은 가만히 있지 않고 늘 움직인다. 아마 학교에서는 정보 수집가 노릇을 톡톡히 할 것이다. 다만 이들은 상상력이 필요한 학습이나 추상적인 사고가 필요한 일을 어려워할 것이다.

한 번은 학교에서 두 아이를 데리고 연극을 지도한 적이 있었다. 흥미로운 일이었는데, 한 명은 처음에 말했던 몽상가 성향의 아이였고 다른 한 명은 작고 고집이 센 산만한 아이였다. 이 산만한 소두증 아이는 어떻게 해도 근엄한 역할을 맡게 할 수가 없었다. 그 어떤 멋진 의상을 입히고 훌륭한 주름 장식을 해도 그 아이는 육체노동자처럼 보였다. 옷도 어울리지 않았고 아이도 멋이 없어 보였다. 또 모든 아이를 지도하고 싶어 해서 다른 아이들이 해야 할 일을 끊임없이 말해주었다. 그리고 자신이 말한 대로 하지 않는 아이들에게 크게 화를 냈다. 빈민을 왕자로 바꿔놓는 일은 피그말리온Pygmalion이 기울인 노력을 들여야 하는 일이었다. 반면 몽상가인 뇌수종 아이는 연기의 흐름에 자신을 연결시키지 못해 연극에 거의 참여할 수가 없었다. 이 아이는 무대에 그냥 서 있었다. 물론 그 어떤 말을 하지 않고서도 청중에게 중요한 인물이라는 느낌을 심어줄 수는 있었을 것이다. 하지만 아이는 그 연극에서 아무런 역할도 하지 못했다.

뇌수종으로 머리가 큰 아이에게는 유년기 초기의 외모적 특징이 그대로 남아 있는 것 같다. 머리 모양은 둥글고 손과 팔다리는 부드럽고 유약해 보인다. 한편 소두증으로 머리가 작은 아이는 몹시 여위고 말라 보이며 산만하다. 한 아이는 멈추었거나 억제된 머리로 멀리 떨어져서 관망하고, 다른 아이는 머리를 들이밀며 세상으로 나온다. 이러한 특징들을 관찰할수록 신체 형성의 신비와 인간의 다양한 특징들을 나타내고 반영하는 잠재성에 더욱 많은 감동을 받게 된다. 영혼이 요구하는 조건들은 무의식의 시간인 태아와 유년 초기에 발달하는 것이다. 시간이 지나면서 그동안 형성되어 온 것들이 드러나기 시작하고 그것들은 몸과 성격의 특징으로 자리 잡는다. 이러한 현상은 특히 생리학, 심리학적으로 대조를 이루는 뇌수종 아이와 소두증 아이 사이에서 명백하게 드러난다.

스펙트럼 안의 색깔

어느 늦은 겨울날 오후, 언덕 위를 걷던 사람이 지는 태양과 태양이 만들어내는 다양한 색상의 노을을 보기 위해 가던 길을 멈춰 선다. 해돋이 때는 옅은 노랑, 분홍, 초록색까지 있어 짙고 푸르기까지 했지만 지금은 선명한 빨간색과 오렌지색이 구름과 하늘을 수놓았고 낮은 산허리에는 보라색과 남색이 내려앉았다. 그에게는 정오에 보았던 무지개가, 동틀 무렵과 지금의 해질녘 하늘을 가득 채운 모든 색깔을 하나로 멋지게 압축해 놓은 것처럼 보였다.

    이 장에서 묘사한 아이들은 아동기의 다양한 특성이자

색깔들 가운데 일부다. 그러나 우리는 표준과 평균만을 찾으려고 애쓰고 있는지도 모른다. 아동기 아이에게 가까이 다가가서 '있는 그대로의 모습'을 보려고 노력해 보라. 그러면 다르면서도 서로 유사한, 파란색과 초록색 같은 빛의 스펙트럼을 발견하게 될 것이다. 처음에 아이들은 가볍기만 하다. 하지만 좋든 나쁘든, 시간이 흐르고 세상의 요구를 짊어지면서 그들은 무거워진다. 어떤 이들은 극히 진지하게 자신의 삶을 만들어가고 다른 이들은 좀 더 편안한 마음으로 삶을 꾸려간다. 전자는 현실주의자로, 후자는 몽상가나 예술가로 자라난다.

우리는 이 장에서 만난 아이들이 더 큰 의미의 풍경에서 보면 더 두드러지게 보이고, 이들이 가진 강렬하거나 깊은 색깔 때문에 일반 아이들과 다소 다르고 비범하다는 결론을 내릴지도 모른다. 이들은 우리가 기대하는 전형적인 아동 발달이라는 풍경에 쉽사리 섞이지 못한다. 하지만 우리는 이 아이들의 특별한 기질을 뿌리째 뽑길 원하지 않는다. 오히려 자신들의 인생 여정에서 성공을 만들어 나갈 수 있게 돕고 싶다.

모든 아이는 성장하면서 각자 엄마의 품에서 멀어져 다른 목적을 좇다가 죽음에 이른다. 삶과 운명이 그 안에 있다. 아이는 자신의 여정에서 혼자가 아니다. 중요한 건 자신의 운명을 어떻게 계발하느냐와 자신만이 가진 색과 순수한 빛깔을 어떻게 인식시키느냐이다. 특수교육의 목적은 아이의 색깔을 인식하고 종종 스펙트럼 안이라는 제한된 공간에서 아이를 이끌어내 더 넓은 색깔의 바다에서 활동하도록 하는 데 있다.

행복한 오후

~ *4* ~

특수교육 환경

The Curative Educational Environment

아동기 아이의 다양성을 무지개에 비유해서 제시하는 것이 순진해 보일 수도 있다. 그러나 이러한 비유 덕분에 우리는 특별한 도움이 필요한 아이가 다른 아이들과 동등하게 자신의 위치를 차지한 채 삶의 풍경을 재미있고 다양한 색깔로 채우는 아이라고 생각할 수 있게 된다.

　　특수교육을 시작할 때 고려해야 할 중요한 점이 바로 개인의 차이다. 이는 당연할 뿐 아니라 매우 필요한 것이다. 사실 모든 아이와 청소년에게서 각자의 의미와 가치를 찾는 일은 기본적인 일이다. 또한 인간의 평등사상이 깃들어 있고 편견이 내재되지 않은 용어를 사용하는 것은 아이의 타고난 영성과 완전성을 인정하기 위해서이다. 이는 정당한 것이며 인간 사고와 인식의 업적이라고 말할 수 있다. 우리는, 자신만의 의미를 지닌 한 개인이자 특별한 도움이 필요한 아동기의 아이를 만날 수 있다. 모든 아이는 그들이 타고난 육체와 사회적, 문화적 환경 속에서 자신의 자아를 통합시키고자 노력한다. 그러므로 앞서 드러난 역사적 관점이 중요하다. 특별한 문제가 있는 아이가 어느 시대에는 바보나 등신으로 여겨지고 또 다른 시대에는 남들과 비슷하지만 특별한 학습 장애가 있거나 도움을 필요로 하는 아이로 여겨진다. 이 같은 관점에 따라 특별한 문제가 있는 아이는 도움을 받을 수도, 받지 못할 수도 있다.

태도

> 사람들은 교사가 무엇을 말하고 어떻게 행동하느냐에
> 관심을 기울일 뿐, 정작 그 교사가 한 인간이자 교사로서
> 어떤 사람인가가 얼마나 중요한지는 잘 모른다.
> — **루돌프 슈타이너**

특수교육에서 가장 우선적인 태도는 연민이다. 연민이 누군가를 도우려는 의지를 불러일으키기 때문이다. 여기서 연민은 어떤 성스러운 속성이 아니고 단순히 측은히 여기는 감정도 아니다. 그것은 공감에 더 가까운 것으로 적극적인 개입을 요구하는 감정이다. 랭R. D Laing은 이를 다음과 같이 말했다. "다른 사람의 체험을 체험하려는 시도."

여기서 다루는 특별한 아이들의 삶에 개입하는 부모나 교사들은 그 개입으로 자신이 아이의 필요를 이해하고 지각하는 데 한계가 있음을 깨닫는다. 여기서 떠오르는 질문이 있다. 당신은 특별한 아이의 필요성을 실제로 이해할 수 있는가? 당신은 의심과 불확실성에 직면하게 될지도 모른다. 도움을 주려는 마음과 특별한 접근을 각오할 용기는 있는가? 특수교육은 이러한 종류의 관심과 개입을 요구한다. 당신이 도울 수 있을지 없을지 알 수 없는 불확실한 영역 안으로 기꺼이 발을 들여놓지 않으면 당신은 결코 이 아이들을 도울 수 없을 것이다. 이러한 고민은 특수교육을 시작하는 시점에 특히 뚜렷하게 나

타나지만 어떤 특정한 접근 효과를 확신할 수 없는 상황에서는 항상 느낄 것이다. 그러나 우리는 경험과 훈련, 연구를 통해 치료 작업을 꾸준히 수정하며 발전시킬 수 있다.

부모

3장에서 설명한 아동들의 부모들은 당연히 그들의 아이들과 깊은 주관적 관계로 묶여 있다. 그들의 마음에는 모든 종류의 생각이 스쳐 지나갈지도 모른다. 무엇이 문제였을까? 우리가 비난 받아야 하는 것일까? 혹시 아이를 낳지 않았더라면 더 좋았을까? 우리가 죽으면 아이는 어떻게 될까? 우리가 다르게 살았다면 아이가 이처럼 살지 않을 수도 있었을까? 이것이 우리의 아이들에게 어떤 부담을 주고 있는지 생각해 보라! 이러한 반응은 도움을 필요로 하는 아이를 자녀로 둔 모든 부모에게서 발견되는 건 아니다. 많은 부모들은 특별한 아이를 둔 중요성을 이해하고 그 의미를 알고 있다.

우리는 다음과 같은 질문을 할 수 있다. 과연 특수교육이 가정에서도 효과가 있을까? 특수교육은 어떤 환경에서도 도움이 되어야 하는데, 일반 학교의 지원을 받는 가정에서도 마찬가지이다. 그래서 우리는 부모와 그들의 아이가 긴밀한 관계를 형성하는 가정에서 적어도 일정 기간 동안은 아이가 완전한 특수교육 환경 안에 있을 수 있다는 사실을 깨달아야 한다.

가정 생활

아이가 가정에만 있어야 하는 경우 아이를 돕는 게 불가능할지도 모른다. 하지만 기숙 시설의 특수학교라면 일정 기간 동안 해결책이 될 수도 있다. 기숙 시설이 없는 학교의 교사들은 학생들의 가정생활이나 여가 시간에 관여하지 않는다. 그들의 주요 관심은 학생들이 깨어 있는 시간, 활동하는 모습에 있다. 그러나 가정생활에 개입한다는 것은 교사가 아이의 밤 또는 수면 생활에까지 자신의 관심을 확장하는 걸 말한다.

낮과 밤, 깨어 있는 생활과 수면은 인간의 삶에서 가장 일반적인 모습 중 하나다. 우리는 적극적이고 목적이 뚜렷한 삶에서 만족을 느끼는 것이 가장 좋은 수면 준비가 된다는 사실을 알고 있다. 수면은 우리의 몸을 회복시킨다. 잠을 제대로 자지 못하면 화를 잘 내게 되고 불만이 늘어나며 다른 불운의 징후를 불러온다.

몇 년 전, 특수학교의 이웃이자 친구인 한 교사가 일을 그만두면서 그 학교의 많은 아동들이 최근 '다르게 걷기' 시작한 것을 교사들이 인지하고 있다고 말했다. 그가 처음에 학생들을 봤을 때와 비교하면 뭔가 더 목적이 뚜렷한 걸음처럼 보인다는 것이다. 현재 이 학교는 어려운 때를 잘 극복하고 최근 새롭게 구조를 개편했다. 교사들은 질서 있고 따뜻하며 열정적인 환경이 학생들의 성장에 필수라는 걸 깨달았다. 영양가 있는 음식, 매력적인 주변 환경, 생생한 교육, 사회, 레저 프로그

식사 차리기

램으로 교육 환경이 잘 꾸며졌다. 교육과정 시간표는 새롭게 바뀌었고 서로 잘 협력하는 교사들이 구성되어 있어 전체적으로 학교의 상태가 좋아졌다.

질서 및 복지와 일부 학생들의 걷는 방식을 연결해서 생각하는 것이 이상해 보일지도 모른다. 물론 이것은 하나의 이미지이자 사물을 바라보고 행위와 결과를 동일화하는 한 방식이다. 하루를 넘기며 진행되는 교육이 아이의 걸음걸이에서마저 실제 효과가 있다는 사실을 받아들이기 어려운 이유는 부분적으로는 밤과 수면의 중요성에 대한 인식이 부족하기 때문이다. 사실 교육 및 치료 효과가 우리의 삶과 운동 발달에 융

계절에 따른 장식을 한 식탁

화되는 때가 바로 수면 시간이다. 특수교육에서 이 사실을 인식하는 것은 매우 중요하다. 교사, 치료사, 교육자는 그들이 한 일, 그들이 가르친 것의 중요성뿐만 아니라 자신이 일을 어떻게 하는지, 열정이 있는지 없는지를 깨달으면서 정신력의 원천을 발견할 것이다. 밤이 되면 늘 그날이 알찼는지 또는 아쉬웠는지를 평가할 것이고 이 경우 교육자도 그날 한 일의 가치를 평가받게 된다. 아이들은 교사에게 말로 또는 다른 방식으로 그날의 교육이 좋은 결실을 맺었는지, 무관심이나 불안 등을 불러일으킨 건 아닌지 알려줄 것이다.

수업 시간과 마찬가지로 가정 역시 아이가 편안함을 느낄 수 있도록 질서 있고 건강하며 유익한 환경이 되어야 한다.

실제로 어떤 아이들은 자신들의 집에서도 편안함을 느끼지 못한다. 사실 그 아이들은 집에 대한 개념조차 없을지도 모른다. 어떤 아이들은 몸이 많이 불편하다. 다른 아이들은 평범한 관계에서 이상하게 행동하거나 세상과 잘 어울리지 못한다. 심지어 공격적인 모습을 보이는 경우도 있다. 이들을 도와 집에서 함께할 수 있는 일들, 즉 같은 식탁에서 식사하기, 마루를 쓸고 닦는 등 집안일 하기, 촛불을 켜놓고 둘러서서 시를 읊거나 계절에 어울리는 노래 부르기 등을 하는 것은 커다란 도전이 될 수 있다.

교육자

앞장에서 언급한 이야기는 일정 기간 이상 아이들을 관찰한 결과로 얻은 것이다. 오랜 기간 특수교육 분야의 다양한 활동들 덕분에 우리는 앞서 언급한 아이들을 명백한 특징으로든 또는 미세한 특징으로든 거의 모두 구분할 수 있게 되었다. 아이들이 보이는 미묘한 점, 그들의 성격과 힘든 점, 그들이 인지하고 지각하고 말하고 느끼고 움직이는 것들에 대한 관심은 교육자로 하여금 더 많은 것을 관찰하게 만들고 교육자의 경험을 발전시킨다. 여기서 '교육자'는 아이의 발달을 돕는 일에 전념하는 사람을 말하며 교실이나 학교로 장소를 제한하지 않는 넓은 의미로 사용된다. 달리 말하면 교육자는 분명한 목표를 설정하고 그에 적합한 깊은 생각으로 아이를 돕는 사람이다.

관찰과 경험은 아이의 필요성을 특징화하는 수단을 발전시키는데, 그 방식은 아이들의 어려움, 운명, 가정 배경, 다른 환경, 성격을 고려하여 설계되어야 한다. 그리고 이러한 시도들이 시험 진단을 가능하게 한다. 여기서 진단은 넓은 의미로 사용된다. 이러한 관찰과 경험을 통해 치료적 관점에서 가치 있는 결과를 얻을 수 있다.

진단 노력은 아이를 위한 특수교육자의 치료 활동을 돕는 것이며 이는 '문제에 대한 해답'을 찾는 일이 아니라 반응을 위한 출발점이 된다. 교육자는 항상 다음과 같은 질문 속에 산다. 이 아이에게 어떻게 반응해야 할까? 내가 과연 최고의 조력자일까? 자신이 가장 적합한 사람이 아니라 다른 누군가가 더 잘 해낼지도 모르기 때문이다. 아이의 요구와 자신의 치료 능력에 관한 사심을 버리고 객관성을 높여 자만심을 극복하는 것은 매우 중요한 일이다. 또한 치료 방법을 고려할 때 협동 작업 방식을 생각하는 것도 필수다. 의사, 교사, 치료사, 교육자는 자신들이 관찰한 것들을 공유하며 아이의 요구를 진단하는 데 있어 유용한 기준을 발전시킬 수 있고 여기서부터 치료 작업을 시작할 수 있는 것이다.

부활절
달걀 놀이

환경

협동 작업 방식은 특수교육에서 필수다. 우리가 만나는 아이들의 요구가 의사, 교사, 치료사 중 어느 한 분야에 국한되지 않기 때문이다. 함께 작업해야만 다양한 가능성을 시도해볼 수 있다. 부모가 가정에서 실행하는 특수교육이 항상 한계를 드러낼 수밖에 없는 이유가 이 때문이다. 가정에서의 특수교육은 객관성을 높이기가 힘들다.

학교 교육은 아이의 삶에서 자연스러운 과정이다. 만약 일반 학교에서 특별한 도움이 필요한 아이들을 위해 일반 교육과정 외의 특화된 교육을 할 수 있다면 일반 학교도 도움이 될 것이다. 필요한 인식과 경험이 쌓이기만 하면 그때는 도움수업이 있는 일반 학교든 특화된 학교든 주간 학교와 함께 가정의 틀 안에서도 특수교육 환경이 만들어지는 것이 가능할지도 모른다. 앞서 언급한 아이들은 복합적인 어려움을 겪었고, 그들의 요구를 위해 만들어진 특수교육 환경은 그 아이들이 아동기를 보내기에 가장 좋은 환경임이 입증되었다. 아동기는 인격 형성에 매우 중요한 시기이고 이 단계에서 올바른 치료로 도움을 주는 것은 아이의 이후 삶을 위해 매우 가치 있는 일이다.

교육과정

일반적으로 교육은 지식을 전달하고 아이의 타고난 능력을 끄집어내는 것이다. 하지만 특수교육은 특별한 요구에 직접적이면서도 여러 전문 분야에 걸친 치료 상황을 요구한다. 물론 이것은 첫째로 지식을 습득하는 데 중대한 어려움을 지니고 학습에 흥미와 능력을 거의 보이지 않는 아이들에게 적용되어야 한다.

인지학적 특수교육은 여러 전문 분야에 걸쳐 있긴 하지만 교실, 특히 어린아이에게 초점을 맞추고 있다. 유치원 교육도 가능하긴 하나 주안점은 아이에게 발도르프 교육과정을 적용하는 데 있다. 이 교육과정은 발도르프 학교(슈타이너 학교)에서 사용하는 것으로 평범한 아이 또는 특별한 도움이 필요한 아이 모두를 위한 교육과정이다. 이는 아이의 초기 발달이 인류와 문명 전체의 문화적 발달을 반영한다는 관점에 기초한다.

또한 약 예닐곱 살의 어린아이들이 동화의 주제와 자신들의 내적 체험을 조화시킬 수 있다는 사실을 안다는 걸 의미한다. 그 나이의 아이는 하나의 상상 속 세상에서 살며 왕자와 공주, 왕과 여왕, 나무꾼의 세상 그리고 물고기와 새가 말하는 세상을 자연스럽고 친근하게 느낀다. 이때의 아이는 이 세상 속에서도 그렇게 뛰어 놀고 성城을 지으며 분장을 하고 또다시 그림처럼 이를 반복한다.

동화 후에는 우화의 시기가 온다. 우화는 동물에 대한

이야기다. 아이는 그림형제의 동화 세상에서 이미 고개를 돌리기 시작한다. 우화와 소설은 뒤이어 신화를 이끈다. 구약 뒤로 고대 스칸디나비아, 페르시아, 이집트, 그리스, 로마의 신화가 이어진다. 아이는 각 시기의 신화들과 시적 표현들이 만들어낸 무대를 체험할 것이다.

    동화에서 신화로 이어지면서 특성화된 인간 발달에 대한 발도르프 교육과정의 주요 주제는 아이의 내적 경험과 인간의 발전을 연결하는 것이다. 이를 통해 아이는 세상에서 개인의 통합 과정에 참여한다. 이 교육과정은 다른 곳에서 수정되어 쓰일 수는 있으나 결국 공동의 유산을 남긴다. 사춘기 이전과 사춘기 시기에 역사를 만날 것이고, 그때가 되면 르네상스에서 현대에 이르기까지 유럽의 역사 안에서 문명의 진보를 발견할 것이다. 중등 교육의 마지막 시기에 진행되는 소위 상위학교 교육과정은 이처럼 더 이후의 시대에 초점을 두고 있다.

    발도르프 교육과정의 기본 개념은 주로 상상력으로 접근하는 저학년 수업에서 시작하여 점차 20세기의 과학과 기술, 연구로 무장한 현대적 의식으로 아이를 이끌어주는 것이다. 주요 수업과 혼합되어, 혹은 그 수업을 따라서 보편적인 문화의 발달을 이끄는 과목들은 지리, 언어, 문학, 수학 등과 관련된 과목들이다. 저학년에서의 학습은 시, 색칠하기, 그리기, 음악과 놀이 등으로 예술적 접근을 강조한다. 재미있는 놀이가 가능한 경우 늘 활용된다. 심지어 글쓰기와 읽기를 배우는 첫 단계에서도 예술적 접근이 필요하다. 이는 이 단계의 어린아이

모형 그리기는 공간 감각을 키우고 미세한 운동 근육 조정에 도움을 주는 동시에 글쓰기 훈련도 이루어지는 활동이다.

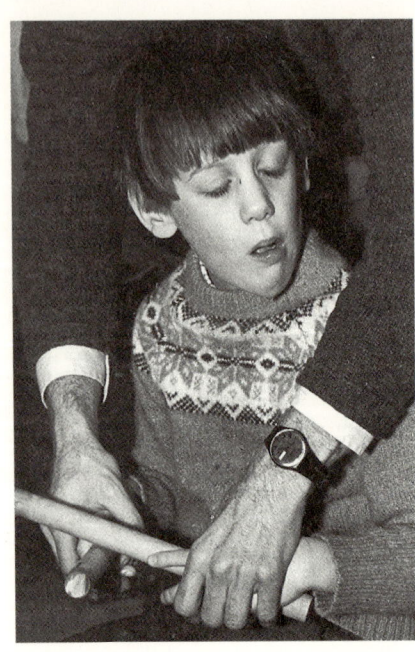

잠에서 깨어나기
위해 하는
간단한 운동

가 주로 상상력이 풍부한 생각을 하기 때문이다. 그러나 이 경우에는 지능의 발달을 지연시킬 목적으로 예술적 접근을 사용한다. 어린아이의 지능에 과도한 자극을 주는 것은 부적절하며 잠재적으로 해가 있다고 여겨지기 때문이다.

루돌프 슈타이너는 발도르프 교육과정을 20세기 아동들의 성장을 위한 약으로 간주했다. 발도르프 교육과정은 아이가 자신을 평가하고 규정하며 등급을 매기는 정해진 교육과정의 요구에서 벗어나 자체의 기능을 통해 아이 내면의 능력을 계발하는 것을 도와준다.

발도르프 교육과정에서 학습 장애가 있는 아동들은 주제를 다루고 이해하는 데 다양한 문제들을 노출할 것이다. 하지만 그렇다고 해서 이들이 저학년에 머물러 계속 학습 능력에 문제가 있는 상태로 남게 해서는 안 된다. 다른 학생들처럼, 학습 장애가 있는 아이들에게도 가능성이 열려 있어야 한다. 이들도 각 연령대에 맞는 특정한 주제를 접해야 한다는 의미다. 학습 장애가 있는 아이들을 위해 발도르프 교육과정을 활용하는 학교의 아이들은 개인의 능력이 아니라 자신들의 생활 연령에 따른 학교 교육을 받게 될 것이다. 이렇게 하는 교육 방식이 아이의 타고난 발달상을 공평하게 다루는 것이라고 말할 수 있다.

교사

교사의 임무는 학습 주제를 정하고 그 주제를 아이들 각자의 능력에 개의치 않고 모두에게 적용할 방식을 발견하는 것이다. 그러나 일반적으로 학교에는 소극적이고 의욕이 없는 아이, 꿈속에서 사는 것 같은 아이, 산만하거나 특정 운동 근육 장애가 있는 아이들이 있을 수도 있기 때문에 이는 상당히 어려운 일이기도 하다. 어떤 아이들은 감각에 장애가 있거나 말을 못 할지도 모른다. 교사들은 아이들 각자에게 자존감과 소속감을 주어야 하는 존재이므로 자신들이 상상할 수 있는 모든 능력과 창의성을 발휘해야만 할 것이다.

학습

장애가 있는 아이는 자신이 불리한 입장에 있다고 생각해서는 안 되고 배운다면 자신도 할 일이 있다고 생각할 수 있어야 한다. 주로 학문적 목표를 지닌 지적 수행으로 여겨지는 교육은 학습 장애가 있는 아이들 각각의 경우에 맞춰 다른 접근이 필요하다. 학습은 보통 기억력과 지능에 따라 다르게 습득된다. 학습에 어려움을 느끼는 아이들을 통해 우리는 소위 의지력이 학습 과정에 상당히 중요한 역할을 한다는 점을 발견한다. 3장에서 언급한 아이들은 지적 능력이라는 토대 위에서 설명된 것이 아니라 오히려 '관심'의 차이를 바탕으로 설명되었다.

물론 우리는 글쓰기와 독서, 기억력과 이해력 등에서 어려움에 직면할 것이다. 그러나 아이가 소극적이거나 몽상적이고 또는 산만하거나 집착을 한다면 다른 어떤 일이 완성되지 않는 한 학습에 집중을 못하거나 관심을 갖지도 않을 것이다. 특수교육이 발견한 것은 바로 학습 장애가 있는 아이에 대해 논할 때 의지력이 언급되어야만 한다는 것이다. 다른 아이들을 관찰해보면 의지력 장애가 또한 특정한 활동 장애로 드러난다

승마 치료

는 것을 알 수 있다.

예를 들어 교사는 산만한 아이와 소극적인 아이를 가르칠 때, 그들의 학습을 돕는다는 동일한 목적을 가지고 있겠지만 두 아이의 기본적인 차이를 알고 각각 다른 방식으로 학습을 지도해야 한다. 산만한 아이는 자신의 주변에 대한 집착에서 벗어나 안정을 찾고 자기 자신에게 집중할 수 있게 해야 한다. 반면 소극적인 아이는 세상과 소통하기 위해 세상에 대한 관심을 갖는 일에 용기를 북돋워야 한다.

특수교사는 보통 이와 같은 생각을 마음에 품고 수업에 임한다. 아마도 수업은 때에 맞는 시나 노래를 활용해 일관된 방식으로 시작할 것이다. 예를 들어 손과 발을 써서 율동을 하거나 걷고 심지어 막대기나 자루 던지기 등과 같은 다양한 활동을 할 수 있다. 이렇게 하면 아이들은 관심을 갖고 주목하며 교사의 말에 귀를 기울이게 된다. 이때 주요 수업 주제를 그 학급의 교육과정 연령에 맞춰 제공한 뒤 그 주제를 바탕으로 개인별 수업을 시작하는 것이다.

교사는 아이가 활발하게 참여할 수 있는 범위 내에서 아이의 의지력과 주제 자체가 조화를 이루도록 아이의 모든 창의력을 이용해야만 한다. 이 과정에서 중심은 학급이다. 아이들의 특성에 따라 그룹을 지어 한 학급을 이룰 수 있도록 하고 각 개인의 경험을 뛰어넘는 체험을 하게 한다. 이는 아이의 특별한 장애 외에 아이의 정신적 완성을 위한 중요한 방법이다. 상상력이 풍부하고 의지력을 강화하는 교육은 학습 장애가 있는 아이가 학습 방법을 익히고 수업을 듣기 위해 필요한 내면의 안정을 얻는 데 도움을 준다.

주요 수업 뒤에 하는 또 다른 수업에서 아이들은 자신들의 능력에 맞는 적절한 방식으로 글쓰기와 독서, 계산하기를 배울 것이다. 이때는 일반적으로 추가적인 교수법이 필요하다. 이러한 작업은 연필과 종이, 워드 프로세서를 이용하는 단순한 차원이 아니라 의지력 장애와 운동 능력 조정 장애를 다뤄야

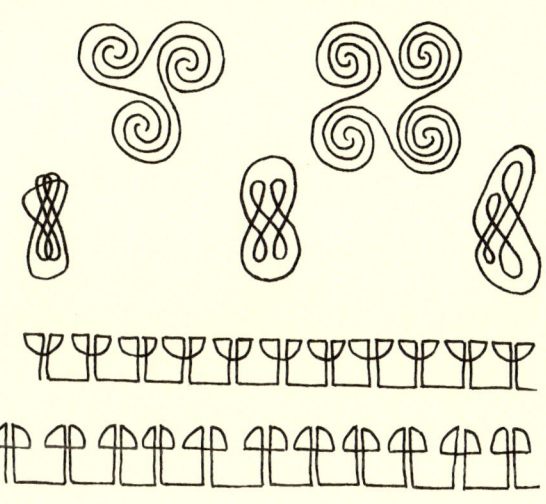

교실에서 다양한 모양 그리기

하는 문제다. 이 때문에 글쓰기가 독서보다 더 중요한 위치를 차지한다. 그래서 모든 방법을 활용해 아이가 기본적인 글쓰기 기술을 습득할 수 있도록 한다. 발을 이용해 바닥에 편지 형식의 글을 쓰거나 칠판에 독창적인 방법으로 그림을 그려보거나 색을 칠하고 활동적인 그리기 연습을 하는 것이 도움이 될지도 모른다. 특수교육에서 이러한 반복된 연습은 불균형을 조정하는 데 도움이 된다.

발도르프 교육과정과 치료적 교수는 일종의 방법이 아니라 교사의 창조적인 참여를 필요로 하는 접근법인 데다가 각각의 아이를 위한 접근법이 모두 다르다.

창조성과 예술적 접근법은 모든 특수교육 수행의 바탕이 된다. 아이들 각각의 요구를 다루는 데 있어서도 상상력이 풍부한 접근법이 필요할 것이다. 이것은 교사가 자신의 관찰력을 키우고 교수법의 유연성을 높이기 위해 노력할 때에만 얻을 수 있다. 교사는 아이에 대한 열정과 사랑이 가득해야만 한다. 또한 아이를 위한 결단력과 책임감을 높일 필요가 있다. 아이가 가진 한계로 인해 가끔은 아이 자신뿐 아니라 교사도 좌절을 맛보지만 아이가 그 한계를 넘어 배울 수 있을 것이라는 확신이 있어야 한다.

몸을 움직이는 것은 아이의 관심을 끄는 데 더욱 도움이 될 수 있다. 그중 오이리트미Eurhythmie(음악, 시의 리듬에 맞추어 신체 표현을 하는 것)는 좀 더 특별하다.[120쪽 참조] 오이리트미는 루돌프 슈타이너가 개발한 하나의 활동 예술이다. 이것은 아이

고학년에서의
수행평가

들 각각의 요구에 맞게 적용할 수 있고 공간 및 균형과 관련해 자기 경험을 증대할 수 있는 창조적인 매개가 되기 때문에 특히 유용하다. 체형은 물리적으로 눈에 띄는 것이지만 더불어 공간과 음조와 관련된 활동 및 몸짓을 통해 나타날 수도 있다. 특정한 활동 장애에 도움이 되는 오이리트미 치료는 이 장 뒷부분에 서 설명할 것이다.

슈타이너가 지칭한 말에서 발전된 보스머bothmer 체조는 조화롭고 율동적인 운동과 치료 놀이를 이용해 공간지각과 조정력을 높이는 데 도움을 준다.

수공예 또한 중요한 과목이다. 뜨개질이나 바느질, 다른 수공예 활동은 저학년에서 할 만하고 목공예, 도자기 제작, 자수 등 기술이 좀 더 필요한 다른 수공예 활동은 고학년에 적당하다. 이러한 활동들이 운동 능력을 조정하는 데 도움을 준다.

상급 학년

아이는 성장하면서 점차 지적 사고능력을 쌓게 되는데 이는 사춘기 전과 청소년기에 두드러지기 시작한다. 과학과 기술은 전형적인 응용사고의 학문이다. 실험과 연구를 통해 아이가 결론을 내도록 이끄는 것이다. 아이들은 생각할 줄 알아야 하고 그러기 위해서는 정확한 관찰을 해야만 한다.

청소년기는 어느 아이에게도 쉽지 않은 시기지만 특히

활을 쏘기 전
정지 자세

지적, 정서적 성장을 막는 구체적인 장애로 고통 받는 아이들에게는 더욱 그러하다. 특수교육이 이루어지는 환경에서 몇 년 동안 발도르프 교육과정을 체험하면 아이의 감성 생활이 조화로워지고 세상에 대한 흥미가 고양될 수 있다. 감성의 조화를 찾고 흥미를 발견하는 것은 청소년기의 내적 도전들이다. 만약 학습 장애가 있는 청소년기의 학생이 이것을 이루어낼 수 있다면 어른으로 성장하는 과정에서 자신에게 필요한 가치 있는 무언가를 얻게 될 것이다.

다양한 치료법

교실 속 아이는 하나의 사회 환경 안에서 성장한다. 이 환경은 아이들이 집단을 이루어 함께 작업하고 공부하며 학습 주제를 통해 세상을 배우면서 형성된다. 동시에 글쓰기와 독서, 산수 등 복잡한 것들을 익히는 데 수반되는 학업은 아이가 세상과 소통하고 세상이 제공하는 지식과 정보를 받을 수 있도록 하는 도구를 만들어 준다.

교사는 글쓰기와 독서 같은 교실 학습을 진행하면서 장애를 가진 한 개인으로서의 아이를 만나는 특별한 경험을 할 것이다. 우리가 지금 논의하고 있는 아이들에게는 교실이라는 환경에서 혼자서는 이룰 수 없는 요구 사항이 있을 것이다. 교사는 아이가 구체적이고 개인적인 도움을 받지 않으면 교실에

자, 이것은 어떻게
작동할까?

서는 더 성장하기가 어렵다고 말해야 한다. 바로 이 지점에서 특별한 치료 활동이 필요한 것이다.

치료 상태라는 것은 아이의 삶에 신중하게 개입하고 있다는 걸 의미한다. 이러한 개입이 필요한 이유는 아이의 성향과 장애가 아이의 성장을 저해한다고 생각하기 때문이다.

특수교육에서 치료적 행위는 의사의 감독 아래 이뤄진다. 의사와 치료사는 같은 종류의 책무를 수행한다. 치료는 약과 같은 방식으로 처방된다. 따라서 오직 특수 치료 훈련을 충분히 받은 사람만이 이러한 책무를 맡을 수 있다.

오이리트미 치료

치료의 목적은 아이가 육체와 동화되는 것을 제한하면서 아이와 환경과의 중요한 상호작용을 막는 기질에 조화와 균형을 가져오게 하는 것이다. 이는 '학습'이라는 명목으로 특수교사가 학급을 배울 준비가 되는 조건으로 만들려고 어떤 노력을 하느냐로 설명된다. 학생들이 바쁘게 뛰어다니거나 소리를 지르거나 웃고 있거나 위축되어 있는 등 학급 안에 다양한 기질이 존재하는 경우라면 이들을 함께 끌어가는 데는 운동이 큰 도움이 될 것이다. 오이리트미는 아이가 차지하는 특별한 위치를 위해 아이가 더 세밀한 감성을 발휘하는 데 보다 더 도움을 주는 사회적, 예술적 활동이다.

오이리트미 치료는 치료사가 의사와 협의하여 아이의 성향이나 복합적인 기질을 이해하고 각각의 아이에게 구체적

균형감각 기르기: 한걸음, 한걸음씩 내딛기

으로 상호작용하는 일련의 운동을 하게 하면서 치료하는 하나의 치료 방식으로 발전해 왔다. 이는 특별히 발전된 운동이나 몸짓 또는 공, 막대나 나무토막을 이용한 연습 혹은 특별한 기질에 초점을 맞추기 위해 치료사가 발견하는 모든 수단으로 나타날 수도 있다. 오이리트미 치료는 다음과 같은 아이의 감각적 경험 위에서 작동한다. 접촉, 공간 순응, 활기 또는 무관심으로 나타나는 아이의 감정, 표현과 움직임, 또한 아래에서 위, 뒤에서 앞, 좌에서 우에 이르는 공간과의 관계.

3장에서는 어떤 운동이 손재주와 강직성을 기르고 걷기뿐만 아니라 말과 명확한 표현을 할 수 있게 하면서 아이의 성장에 자극을 주는 주요 힘으로 작용할 수 있는가를 보여주었다. 이 운동은 또한 신체기관의 기능에 미세한 영향을 주는 것으로 여겨지기도 한다. 오이리트미 치료는 신체기관 계통의 조형 운동 및 아이 개개인의 구체적인 장애와 관련된 것으로 밝혀진 언어 능력에 내재된 움직임을 연결한다. 이를 통해 특별한 상태와 기질에 전형적인 조화 운동을 적용하는 것이다.

미술 치료

특수교육에서 개발된 미술 치료는 정신병 분석 진단 모형에 기초하지 않는다. 대신 이 방법은 아이를 이해하는 시작점을 발견하기 위한 것으로 치료사의 역할은 예술적 매개 수단을 이용해 아이가 치료 및 조화의 과정을 지나게끔 이끌어주는 것이다. 다시 말하자면 우리는 아이가 끝없이 자기 마음대로 자신을 표현하게 하지 않는다. 특별한 도움이 필요한 아이들뿐만 아니라 다른 누군가와 더불어 우리는 우리 안에 살아 있는 것을 표현하는 데 좀체 자유롭지 못하다. 그리고 대부분의 경우 우리 안에 내적 경험으로 내재한 것은 모든 종류의 한계와 무의식적인 기질의 대상이 되면서 자유에서 멀리 떨어져 있다.

긴장으로 경련을 일으키는 아이는 히스테리 환자 또는 과민성 아이라는 단 하나의 방식으로 자신을 표현할 것이다. 우리는 일정기간 동안 처방되고 관리되는 약처럼 차차 아이들

함께 그림을 그려보는 작업은 운동 및 관계 장애가 있는 아이에게 더 나은 조절 능력을 길러주며 종종 훌륭한 결과를 낳기도 한다.

의 구체적인 어려움에 작용하는 치료 과정을 개발하려는 목적을 가지고 있다. 그렇다면 다음과 같은 의문이 들 수 있을 것이다. '이 아이의 경우 색칠하기가 가장 좋은 표현수단일까, 아니면 모형 제작이나 흑백 그림이 더 나을까?', '만약 색칠하기가 바른 표현수단이라면 파란색이나 빨간색을 강조해야 하나, 아니면 노란색이나 초록색을 강조해야 하나?', '아이에게 뚜렷한 모양의 그림이 필요한 것인가, 아니면 단지 색깔 체험이 필요한 것인가?' 예술 치료를 통해 아이 안에 내재된 것, 즉 내적 경험은 아이 자신을 드러내기 시작하는데, 이때 치료사는 조심스럽게 아이의 성향을 노출시켜야 한다.

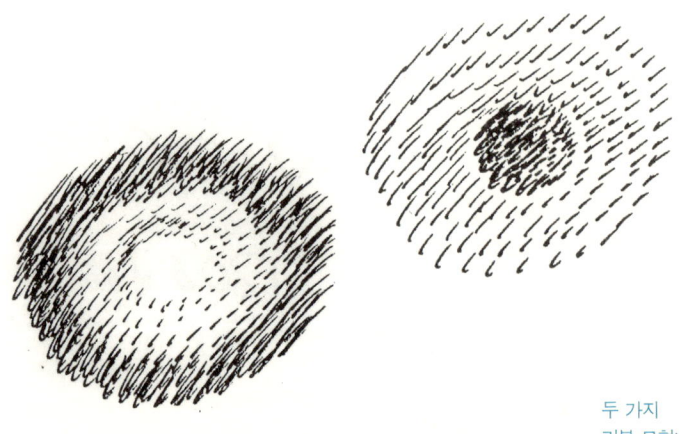

두 가지
기본 모형:
개방과 폐쇄

음악 치료

음악은 다양한 형식을 가지고 있으며 인류에 강력한 영향력을 끼칠 수도 있다. 오늘날 음악은 배경이나 기타 등등 분위기를 조성하고 안정을 취하는 데 사용되지만 음악이 지닌 보다 더 순수한 특성으로 인해 심오한 감정적 반응, 심지어 정신적 반응이 일어나기도 한다. 바흐의 칸타타, 베토벤의 심포니 또는 버르토크의 4중주가 어떻게 보이지 않는 불멸의 영혼에 도달하여 말을 거는지 보라. 다른 중심 감각들 또는 후각, 미각 등의 '명확한 감각들'과 함께 청각 기관은 내면의 경험과 자신 바깥의 세상을 잇는 다리를 형성한다.

음악의 기본 요소들은 주선율, 화성, 박자다. 음악을 들으며 음색, 음정, 리듬을 느낄 때 치료 효과를 볼 수 있다. 아이 주변에서 들리는 소리는 치료사의 의도에 따라 앞서 언급한 방식으로 아이 내면에 작용할 것이다. 음악의 효과를 떠올려보면 우리가 음악을 오직 듣는 것으로만 여겨서는 안 된다는 사실은 명확하다. 음악은 인간 내면에서 울려 퍼진다. 우리는 박자가 흥분을 유발할 수 있다는 점을 알고 있다. 리듬은 호흡 및 순환과 몸의 다양한 구조 안에서 생리학적으로 존재한다.

간질병의 특징을 지녔든 그렇지 않든 치료사와 의사가 아이의 인상에서 정신병의 증후 및 기타 증상들을 볼 수 있다는 사실에 근거하면 음악적 요소는 치료 방법을 더욱 풍성하게 만들어줄 것이다. 아이들의 말을 잘 들어주거나 아이들로 하여금 적절한 도구를 이용하여 활동적인 참여를 하도록 유도하는

'이 음이 들리니?'

것도 발전된 치료법의 모습이다. 또한 운동을 할 수도 있다. 음악 치료는 시각적 적응과는 다른 아이의 청각적 적응을 강화하는 것을 목표로 한다.

　　오늘날 우리 자신뿐만 아니라 아이들은 시각의 세상에 깊이 유착되어 있다. 이러한 가운데 음악과 소리는 시각의 세상에 사로잡혀 어려움을 겪는 아이의 내면에 닿아 그 안에서 아이를 자유롭게 또는 편안하게 해줄 수 있다. 눈으로 세상을 보면서 우리는 시각의 세상에 적응한다. 반면 귀로는 말과 음악, 의미를 듣는다. 장애가 있는 아이는 미묘하고 예술적이며 비지능적인 방식으로 휴식과 안전의 내적 경험을 할 수 있다. 외관상 혼란스러우며 가치 없는 내면의 환경에서 살고 있는 아이들에게 음악은 치료법이 될 수 있다. 귀로 듣는 음악 치료는 내면의 삶에 힘을 얻고 조화를 느끼게 해줄 수 있다.

색채 치료

색채 치료는 여전히 발전 단계에 있다. 이것은 앞서 언급한 오이리트미, 색, 음악의 매개적 요소들을 결합한 것이다. 색채 치료가 목표하는 효과는 호흡 과정을 조화롭고 고르게 하는 데 도움을 주는 것이다. 호흡은 생리적 과정만을 의미하는 것이 아니라 두뇌활동, 인간의 사고 범위, 육체와 의지력이 지닌 보다 넓은 무의식의 범위 사이에서 외적 지각에 대한 내적 경험의 주기적인 관계를 설명한다.

　　특수교육에서는 종종 호흡이 불규칙적인 아이들과 심

색채 치료

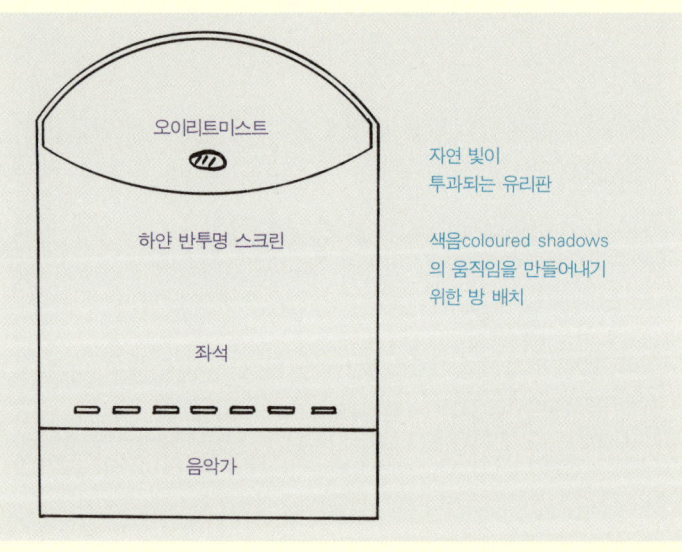

색깔 유리판

리적으로 평온하지 못한 아이들을 다루기도 한다. 구체적이고 전형적인 기질들은 3장에서 언급한 바 있으며, 거기에 언급된 많은 아이들이 색채 치료를 통해 내적 경험의 조화를 이루는 데 도움을 얻을 수 있다.

  색채 치료를 하는 방법은 다음과 같다. 조용한 방에 색깔이 다른 유리판을 준비하고 어둠 속에서 각 유리판에 불을 켠다. 이때 각 유리판은 깨끗하거나 빛을 투과시킬 수 있어야 한다. 넓게 펼쳐진 반투명 하얀 스크린에 색들이 비치고 그 스크린 앞에서 오이리트미스트가 천천히 그리고 신중하게 정해진 동작을 한다. 오이리트미스트 뒤에서 비치는 각각의 색채는 스크린 위에 색음 형상을 만들어낸다. 아이는 방 안에서 스크린을 사이에 두고 반대편에 앉아 색과 형상들이 만들어내는 아름다운 움직임을 바라본다. 그리고 동시에 음악이 들려온다.

  이 치료법은 크게 알려져 있지 않지만 이를 연구하는 학교들도 더러 있다. 그리고 아이들이 이러한 예술적 수단을 동반한 치료를 통해 한층 더 조화로운 상태가 될 수 있다는 사실은 이미 밝혀진 바이다.

그 밖의 치료법들

이 장에서 우리는 오이리트미 치료, 미술 치료, 음악 치료, 색채 치료라는 네 개의 구체적인 치료법을 언급했다. 이에 덧붙여 언어 요법, 놀이 치료, 연극 치료, 승마 치료, 개인적인 상담과 정신 요법, 그리고 더 직접적인 치료법들, 예를 들어 주기적인 마사지, 오일 목욕 치료 등과 같은 치료법들에 대한 설명을 이어가는 것도 바람직하다.

그러나 우리의 목적은 오직 교실과 특수교육의 교육적 측면에서 우리가 알고 있는 것을 종합해 활용하는 것이 구체적인 치료 수업이 된다는 점을 말하려는 것이다. 교육과 치료는 함께 협력하여 작용한다. 또한 아이의 요구에 중점을 두면서 특수교육의 두 가지 주요 접근법을 형성한다.

의료적 측면

소위 특별한 도움이 필요한 아이들을 고려할 때 우리가 하는 가장 재미있는 질문들 가운데 하나가 "그 아이들이 아픈가요?"이다. 우리가 지적 장애라고 부르는 상태가 병일까? 간단히 답하면 지금까지 설명해 왔듯이 병이 아니다. 예를 들어 어린 시절 뇌염 트라우마를 겪고 있던 중에 발생한 장애라고 하더라도 말이다. 우리는 아이의 현재 상태를 만든 것이 무엇이든, 그것이 아이를 다른 모습으로 이끌었다고 말하는 것이 맞을 것이다. 아이의 삶에 새로운 경험이 밀려 들어왔으며 그 경험은 우리가 병이라고 부르는 상태가 아닌 오히려 병을 앓고 난 뒤에 드러난 경험의 상태인 것이다. 그럼 특수교육에서 의사와 의료 치료가 담당하는 건 어느 부분일까?

인지학적 특수교육으로 받아들여진 접근법이 정신적,

영혼적 차원이라고 부르는 내적 속성과 명백한 육체적 특징 사이에서 아이가 언제나 변화하고 발전하는 진보적 관계에 참여하고 있다는 관점에 기초한다는 사실이 명확해지고 있다는 건 희망적이다. 우리 내면의 영적 차원은 육체적 유기체를 형성하고 그 안에서 통합되면서 우리의 의식이 명백해진다. 이러한 의미에서 우리의 육체적 유기체는 우리 자신의 모습을 드러낸 것이자, 우리에게 자아상과 정체성의 기초를 제공한다.

      인지학을 통해 밝혀진 의사가 지향하는 책무는 신체적 상태와 영혼의 관계 그리고 육체로의 자아 통합과 영혼의 관계를 이해하려는 시도여야 한다. 치료의 목적은 아이가 가진 다른 측면의 건강한 통합을 돕고자 하는 것이다. 예를 들어, 불안과 집착 증세가 있는 아이의 호흡 과정을 돕는 것을 들 수 있다. 이러한 종류의 치료는 상당한 통찰력을 필요로 하고 또한 의료 행위에 어려운 문제를 부여한다. 이는 증상을 완화시키는 문제가 아니라 그 유기체의 치료 능력을 기르고 강화하는 문제다. 약물 처방을 필요로 하는 경우 치료 수단은 인지학적 관점에서 벗어나 처방된 동종요법의 약물을 이용하는 것이다.

교육회의

1장에서 우리는 피터를 만났고 또한 그가 의심의 여지없이 어린 시절 특수교육의 혜택을 받았을 것이라고 말했다. 지금까지 특수교육이 특별한 아이가 마주치는 다양한 어려움들에 대해 정해진 답을 제공하는 것이 아니라는 사실은 명백해졌을 것이다. 오히려 특수교육은 아이의 환경에 투입된 관찰자로서 '치료로서의 양육 환경'을 만드는 하나의 시도이다. 자신들의 직업을 통해 얻은 지식과 경험을 지닌 교사들이 바로 치료 환경의 목재와 벽돌이 된다.

이러한 방식은 3장에서 소개한 아이들에게 유효하다. 각각의 아이들은 간질 또는 뇌수종 등의 특별한 관점에서 설명되었다. 이 아이들에 대한 마술 같은 해답은 없다. 그러나 이 아이들의 상태는 알려져야 한다. 그리고 그러한 시도를 통해 얻을 수 있는 도움을 발견해야 한다. 개인들은 단순한 특징으로 일반화될 수 없다. 이해의 대상은 모든 아동이 되어야만 한다.

관련자들의 모임은 특수교육 행위에 대한 모든 측면의 혼합이다. 잘 준비된 환경에서 만난 모든 참여자인 의사, 치료사, 교사, 부모 등은 특별한 아이와 관련해서 그들의 모든 경험과 관찰을 늘어놓으려고 한다. 또한 이 모임은 네 부분으로 구성된다.

첫째, 아이의 신체적 특징과 지금까지의 성장 상태가 공개된다.

둘째, 당면 관심사의 개요를 제공한다.

셋째, 통찰력을 키우기 위한 공간이 주어진다.

넷째, 더 발전한 특수교육, 치료법, 의료적 도움을 위한 제안을 한다.

이 모임의 주요 목적은 공감하는 능력을 키우는 것이다. 각 참가자는 각자의 관점에서 물러나 조력자로서의 분위기를 만들어야 한다.

이러한 시도들이 특수교육 연구의 정점이 될 수 있으며 열정에 불을 붙일 수 있다. 또 교육자가 아이에게 필요한 치료 환경을 위해 적합한 조건을 조성할 때 필요한 인내와 창조성이라는 불꽃을 태울 수 있다.

∽ *5* ∽

특별한 도움이
필요한 청년들

Young People
with Special Needs

우리의 주요 논의 대상은 아이였다. 우리는 아이가 태어나 자라면서 똑바로 서거나 걷고, 말을 시작하거나 따라 하는 시기를 넘어 자신의 생각을 표현하는 등 성장하면서 도달하는 획기적인 사건에 대해 고찰했다. 유아 초기의 아이는 가정 안에서 보호받으며 성장해야 한다. 그러다가 학교에 다니는 시기가 되면 가정에서의 생활에서 벗어나 우정과 교육의 세상에서 활동하게 된다. 이는 아이와 교사와의 중요한 만남을 포함하고 이를 통해 아이가 세상, 사회, 역사, 과학, 예술 등을 깨닫는 것을 의미한다. 이러한 어린 시절은 출생부터 사춘기가 시작되는 시기까지를 아우른다.

특별한 도움이 필요하거나 학습 장애가 있는 아이들은 사춘기가 되기까지 보통의 아이와는 실제로 다른 길을 걷게 될지도 모른다. 그중에는 특수학교를 다닌다거나 도움수업을 받는 경우가 있을 수도 있고 기숙 시설이 있는 학교나 심지어 전문 병원에서 보내야 하는 경우도 있을 것이다. 그렇지 않길 바라지만 사람들은 이러한 아이들을 다른 시선으로 바라볼 것이다. 보통의 아이들과는 매우 다르기 때문이다. 아울러 특정한 한계가 있는 삶을 살면서 무언가를 배우거나 한계를 극복하는 데는 도움수업이나 특수교육, 치료적인 개입이 아주 중요한 요소가 된다.

청소년기

사춘기는 특별한 도움이 필요한 아이들뿐만 아니라 보통의 아이들에게도 명백한 생리적 중요성을 안고 있다. 사춘기에 이르기 전 단계에서 '사춘기, 정체성 추구와 대응'이라는 문구는 청소년기에서 보이는 발달 특성의 세 단계를 묘사하기 위해 만들어진 것이다. 사춘기가 생리적으로 유년기의 끝이라면 그 뒤를 잇는 청소년기는 내적 성장과 자아 인식의 시작이다.

모든 청소년들은 아동기를 거쳐야 하고 동시에 자신의 삶과 주변의 삶을 돌아볼 줄 아는 과정을 점차 거쳐야 한다. 내적 상태는 모순에 처해 있다. 아동기를 완전히 벗어나지도 못하고 또한 성인에도 아직 이르지 못한 상태인 것이다. 이로 인해 이 시기에 종종 어려움이 생기고 가족 및 부모와의 관계에 변화가 일어난다.

정신적인 성장의 세 영역, 즉 사고하는 생활, 정서적인 생활, 목적 의식이라는 영역에서 중요한 변화가 발생한다. 청소년은 자신만의 사고와 생각을 갖기 시작하지만 심지어 자신의 생각과 다르게 행동하기도 한다. 이 시기에는 정서상 모든 종류의 감정과 경험이 급격히 성장하고 때로는 아주 의기양양하거나 깊은 우울감을 느끼는 등 극단의 감정이 되기도 한다. 자기 비판은 물론 부모, 교사, 세상에 대해 비판하는 것이 이 연령대의 특징이다.

아동기를 지난 특별한 도움이 필요한 아이와 이 시기

정확한 작업 방법으로 손과 눈이 협동하면
훌륭한 결과물이 나온다. 불안감이 줄어들고
자존감은 고취된다.

를 함께 보내는 사람들에게 중요한 것은 사춘기와 함께 아이에게 시작되는 미묘하지만 중요한 변화를 감지해야 한다는 점이다. 어린아이가 자신의 내적 체험과 신체적 이미지를 관련시켜 '나'라고 말함으로써 자신이 느끼는 자아 동일성의 첫 번째 체험을 드러낼 때가 주요 전환점이 된다. 일곱 살 때나 이갈이를 하는 시기는 적절한 학습을 시작해야 하는 단계이며 아홉 살과 열 살 때는 자기실현의 경험을 하는 또 다른 전환점이 되는 시기다. 이 모든 변화는 아동기에서 일어난다. 반면 사춘기에 진입하게 되면 개별화 과정에서 더 크게 자신을 인식하게 된다. 자아는 점차 육체 안으로 통합되는데 이는 자신뿐만 아니라 여러 관계들 속에서 새로운 능력과 무능력으로 드러난다. 특별한 도움이 필요한 청소년도 기본적으로 같은 전환점과 직면하게 되고 자신의 능력이나 한계에 따라 각각 다르게 초기 아동기 경험의 유산을 청소년기로 이어간다.

이 시점에서 부모와 교사는 지나온 날을 되돌아보며 다음과 같은 질문을 할 수도 있다. "피터는 일찍이 성장의 획기적 사건을 어떻게 지나왔나요?", "피터는 걷기나 말을 늦게 시작했나요?", "피터는 자신을 가리켜 '나'라는 말을 했나요? 그랬다면 언제 했나요?", "피터는 학교에서 학습을 할 수 있었나요?", "피터에게 어려운 일은 무엇이었나요?", "사춘기가 시작되었을 때 피터는 그 변화에 어떻게 반응했나요?" 어떤 방식이든 아동기에 줄 수 있는 도움은 명백히 특수교육의 행위가 되지만 특수교육의 궁극적인 책무는 특별한 도움이 필요한 아이

7년 주기에 의한 발달과정

◆ 출생
3세 처음으로 '나' 라는 경험을 한다.
7세 이갈이를 하고 학습을 시작한다.
14세 사춘기, 자기 인식 단계에 진입한다.
21세 자아 경험이 강화되고 독립생활이 증가한다.
28세 개인적 운명을 자각하고
 '완전한 독립'을 더 잘할 수 있게 된다.
35세 성년의 주요 시기에 진입한다.
42세 내성적인 자아의 단계가 시작되고
 자유와 목적에 대한 의문이 점차 강렬해진다.

† 루돌프 슈타이너에 의하면 모든 인간은 7년에 한 번씩 신체적, 정신적으로 새로운 옷을 갈아 입는 변화과정을 통해 성장한다.

를 사춘기와 청소년기에 잘 적응하도록 이끌어주는 일이다. 사춘기 이후에 중요한 변화를 겪는 시점까지 아이의 상태가 어떠했든 우리는 십대의 시기가 특별한 도움을 필요로 하는 대다수 청소년들의 성패를 결정한다는 것을 안다.

　　　　인지학에 의하면 우리는 보통 우리가 생각하는 것보다 훨씬 더 늦은 나이에 성년에 도달한다는 것을 알 수 있다. 인생은 만들어지는 과정이고 성년은 추정하는 것이 아니라 달성하는 것이다.

독립과 발견

특수교사는 아이와 아이의 바람에 훨씬 더 많은 주의를 집중해야 하지만 그렇다고 미래를 무시해서는 안 된다. 인연이나 운명은 아이의 삶에 중요한 부분이며 특별한 도움이 필요한 아이에게서는 특히 더 두드러진다. 많은 아이들이 사춘기까지는 일부 '불리한 조건'에서 오직 부분적으로만 자유를 누릴 수 있다. 하지만 다른 아이들은 큰 성장을 보이면서 어느 정도 의지력과 변화의 잠재력을 쌓게 될 것이다. 사실 보통사람은 일생을 통해 이러한 정도의 변화를 경험하기가 쉽지 않을 것이다. 특수교육의 목적은 어떤 형태로든 개인이 자유로울 수 있도록 돕는 것이다. 여기서 자유는 오직 현실과 스스로의 한계가 부딪치면서 달성되는데, 이는 사고의 방식이나 정서적 생활에서 또는

명확하고 디자인이 복잡한 작업이 주의를
집중시키고 성장을 촉진한다.

구체적인 일을 할 수 없게 되었을 때 발견되기 때문이다.

아동기는 청소년과 성년이 되기 위한 준비 기간이다. 유전과 운명의 한계를 극복한 정도가 클수록 청소년기에 도전과 시련을 뚫고 나가는 잠재력도 더 크기 마련이다. 아이들은 독립생활을 해보아야 하고 그 의미를 발견해야 한다. 독립이 이기심과 같은 것인가? 아니면 자신이 가진 것으로 사람에게 도움을 주고 또 사람을 보살필 가능성을 높이는 능력인가?

많은 경우 특별한 도움이 필요한 아이는 자신을 돌보며 보호해주는 가족이 있을 것이다. 하지만 이러한 아이의 부모는 일반적인 아이들이 청소년기에 독립을 준비하는 것처럼 자신의 아이를 대하기 어렵다. 그런 가족은 아이와의 결속이 너무 강해서 아이를 보호해야 한다는 강박감에 독립에 따른 위험과 저항을 감수하거나 아이의 생각을 고려하지 않을 것이다. 정서적 폭발, 침잠의 기간, 성에 눈을 뜨는 등의 변화가 가정에서 혼란과 불확실성을 불러오는 것은 당연한 일이다. 그럼에도 불구하고 특별한 도움이 필요한 청소년의 부모들과 대화를 해보면 그들 대부분은 필요성은 알지만 자녀를 독립하게 해주는 것이 아주 힘든 일이라고 이야기한다.

청소년 지도

최근 20년 동안 특수교육이 어린아이뿐만 아니라 청소년들을 돕는 데까지 확장되어야 한다는 동향이 있었다. 아이는 특별한 도움이 필요하다. 하지만 청소년도 마찬가지다. 청소년과 함께 지내보면 심지어 지적 장애가 심한 청소년도 독립의 관점, 즉 자신이 무엇을 하고 싶은지, 자신의 삶을 어떻게 구상해야 하는지를 아는 자기 인식의 순간에 도달할 수 있다는 것을 알 수 있다.

나는 청소년기를 지나고 있던 한 다운증후군 소녀를 기억한다. 소녀는 사랑스러웠고 상당한 능력이 있었다. 하지만 다양한 면에서 여전히 미성숙한 면이 있었고 우리는 소녀의 미래가 어떨지 알 수 없었다. 항상 소녀는 '더 이상 여기에 있고 싶지 않아요. 조금 전에 갔던 새로운 곳에 있고 싶다고요'라며 불평을 늘어놓기 시작했다. 소녀는 매우 명확하게 주장했고, 우리가 소녀의 말이 옳다고 말하면 소녀는 자신이 원하는 곳에 가기 위해 약간의 시간이 필요하다는 점을 받아들였다. 그러면서 자신의 불평하는 태도를 바꾸고 대신 새로운 계획을 보여주기 시작했다. 아이 같은 학생의 모습을 멈추고 선생님들을 따라서 함께 일하는 협력자가 되는 것이다. 이러한 경험을 통해 우리는 특수교육이 한때 큰 관심을 쏟아야만 했던 아이가 실제로 사회의 중요한 일원과 친구가 되게 하면서 그 목표를 달성한다는 것을 알 수 있다.

작가이자 청소년 지도 분야의 기고가인 앙케 바이스 Anke Weihs는 특수교육과 청소년 지도 사이의 관계에 대해 유용한 이미지를 제공했다. 그녀는 부모와 아이가 손을 잡고 호숫가를 걷는 모습을 묘사했다. 이것은 이상적인 어린 시절의 평화로운 장면이다. 그러다가 부모가 손을 놓아야만 하는 때가 온다. 아이는 작은 보트로 물을 건너는 자신만의 방법을 익혀야 한다. 물은 잔잔하지만 때때로 파도가 치고 바람이 분다. 심지어 잠시 보트가 시야에서 사라질 수도 있다. 부모는 이 여행이 필요하다는 것을 안다. 아이는 청소년기라는 호수를 건너야 하고 자신에게 다가오는 것들과 부딪쳐야 한다. 아이가 겪는 체험은 재산이 될 것이다. 부모는 아이가 달라지더라도 다른 편에 도달할 것이라는 희망을 가져야 한다. 또한 그들의 아이가 아동기를 지나 성인기의 토대가 되는 실질적인 독립을 이루게 해주고 싶다는 마음을 품어야 한다. 그러나 부모에게 정녕 필요한 건 그 변화의 시간 동안 아이와 함께 있으며 아이를 늘 마음에 담고 아이를 더 생각하고 사랑하는 일이다. 파도가 너무 거세지면 그들이나 다른 누군가는 물을 건너기 위해 경쟁을 해야만 할 수도 있다. 그럴 경우에는 때때로 구조가 필요하다.[12]

이러한 묘사가 순전히 하나의 비유에 불과한 것 같지만 실제 고려해야 할 매우 유용한 이미지다. 우리는 다른 청소년처럼 특별한 도움이 필요한 청소년도 이해해야 한다. 그들이 학교를 다니는 동안 이루어진 특별한 청소년 지도는 그들이 무사히 졸업할 수 있도록 도와줄 것이다.

실질적 측면

우리는 특별한 도움이 필요한 청소년들이 자신들의 청소년기 여행을 헤쳐나갈 수 있도록 어떻게 도울 수 있을까? 그러려면 우선 이들을 어린아이로 생각하지 말아야 한다. 그리고 이들에 대한 전망을 바꿔야 한다. 자신들의 운명에 책임을 질 수 있다는 새로운 관점이 이들을 위해 필요한 진정한 개입이다. 하지만 이것은 점진적인 과정이다. 우리는 결과를 도출해야 한다. 아이는 손가락질하며 울부짖는다. '그건 당신 탓이야.' 하지만 청소년은 이러한 의문을 생각할 수 있어야 한다. '내가 무엇을 해서 이렇게 되었을까? 왜 이러한 일이 나에게 일어났을까?'

학습 구조를 좀 더 대학처럼 바꾸는 것도 큰 도움이 된다. 책상 대신 탁자를 사용하고 학급 교사는 과목 교사에게 자리를 내주는 것이다. 또한 새로운 수업으로 과학, 근현대사, 시사를 배우게 한다. 학생은 문제나 실험 결과를 넘어 스스로 평가하고 판단하는 과정을 체험해야 한다. 또한 계속해서 학생의 관심을 세상으로 넓히고 예술적 표현을 확장시키는 교육이 이루어져야 한다.

청소년 교육에서 공예 작업이나 다른 종류의 실습 활동들은 보다 큰 비중을 차지하며 특별한 도움을 필요로 하는 학생들의 교육에서는 특히 더 그렇다. 우리는 공예나 실습 활동을 하면서 자아 인식의 새로운 영역을 획득할 수 있다. 특별히 공예는 더 중요하다. 공예를 통해 하나의 그릇을 만들고 바

목공예에
필요한
도구들

똑바로 자르기

수작업으로 멋진
물건 만들기

구니를 짜고 양초를 만들면서 기술을 연마하고 관찰, 판단력, 사회적 동기가 상호 통합되기 때문이다.

하지만 실습 활동에 대한 책임을 지는 것도 중요하다. 다른 사람들의 요구를 듣고 도우면서 그 사람들의 동료가 되는 것은 스스로 존엄성을 느낄 수 있는 귀중한 체험이다. 그들은 특별한 한계에도 불구하고 거의 누구나 어떤 방식으로든 다른 사람들을 도울 수 있다. 특수교육과 청소년 지도의 도움을 받고 일을 해보거나 일을 시작한 많은 사람들은 적은 이기심과 일하려는 동기, 진정한 열정을 보임으로써 기존의 작업자들을 놀라게 한다.

세상에 대한 흥미를 키우고 사회적으로 성숙해지며 어떤 일을 배우는 것은 청소년들에게 중요한 목표가 된다. 이 과정을 거친 개인은 자신의 청소년기를 심각한 상태로 빠뜨리지 않을 것이다. 한편 이 시기에 나타나는 하나의 자연적 발달인 성적 능력은 자칫 강박적인 성욕으로 치우칠 수도 있기 때문에 청소년기에는 이러한 특별한 정서적, 생리적 측면들을 다른 사람들을 향한 진실한 사랑으로 변화시킬 수 있어야 한다.

듣고 질문하기

특수교육과 마찬가지로 청소년 지도 역시 기술이 아니고 실질적인 태도이며, 청소년의 이야기를 들어주는 것이 필수적인 본질적 요소의 하나이다. 이야기를 경청하고 공감하며 자신의 생각을 판단 기준으로 삼지 않고 청소년을 관찰하는 특유의 방식은 이 지도의 중요한 특성이다. 특별한 도움이 필요한 사람들도 다른 사람들의 인식과 신뢰에 의해 지탱되는 오늘날의 위험한 사회 안에서 살아야만 한다. 삶은 청소년에게 새로운 가능성들을 보여줄 것이며 그 가능성은 존재하는 개인만큼 다양할 것이다. 그러나 그들은 자신들의 소망을 말로 표현할 수 없을 수도 있기 때문에 변화에 대한 동기와 새로운 바다를 건너고자 하는 바람을 스스로 강하게 표현하지는 못할지도 모른다. 그들을 아동기라는 둥지 밖으로 이끌거나 심지어 밀어내는 것은 우리가 할 일이다. 그들은 청소년기에 적응하는 자신들의 방식을 발견해야 한다. 또한 청소년이 되어 골머리를 앓고 기분이 우울하며 곤란에 빠지는 등 다른 청소년들이 겪는 유사한 체험을 해야만 한다. 이렇게 청소년기는 모든 사람이 독립이라는 목적지를 향해 가는 길에 놓여 있는 좁은 다리다. 장애가 있는 아이들의 주된 결핍들 가운데 하나가 보통의 감성으로 평범한 십대가 되는 체험을 해보지 못하는 것이다. 그래서 이들이 성년기에 도달하는 과정도 아주 어려우며 종종 너무 많은 문제들이 발생한다.

특별한 도움이 필요한 청소년들이 자신들의 삶을 통해 의문을 품게 되는 것은 가장 중요한 희망이 된다. 이들의 정체성 추구는 자신들과 다른 사람들, 특히 보통의 청소년들과는 다른 점을 보여줄 것이다. 이들의 어릴 적 친구들은 이제 취업을 하거나 고등 교육을 받으며 세상을 체험하는 등 이들의 시선에서 사라진 것처럼 보인다. 그리고 이들은 자신들이 쉽게 던져버릴 수 없는 일종의 통제된 그물 속에 갇혀 있다고 느낄지도 모른다. 따라서 청소년 지도는 상담에 익숙해야 한다. 그리고 다음과 같은 질문을 들어주는 것이 중요하다. '나는 왜 장애가 있죠?', '나는 왜 친구들이 하는 것을 할 수 없나요?', '나는 왜 남자친구를 사귈 수 없을까요?' 등의 질문들 말이다. 이들에게는 다른 사람들의 온정과 신뢰가 필요하다. 최근 몇 년 사이에 정신적 장애뿐 아니라 심각한 종류의 정서적 장애가 시작되고 있다는 사실은 널리 알려져 있다. 이러한 일들은 많은 경우 정체성 추구가 그 정점에 도달하는 청소년기의 중간 시기에 나타난다. 이때 이들을 이해하고 지도하고 상담하는 데 있어 중요한 것은 관심과 인내이다. 오늘날에는 누구나 이들에게 한계가 있다는 걸 안다. 그리고 이들의 고통과 의문이 이들을 지도하는 사람, 교육자, 조력자인 자신들과 다를 바가 거의 없다는 점을 느낀다. 우리는 이러한 사실을 상기해야 한다.

아이가 진실로 쓸모 있고 사회에 기여하는
구성원으로 성장할 수 있다면 감상적 행위에서
벗어나 진정한 존엄성과 자존감을 이룰 것이다.

사회 적응

특수교육 행위가 인정을 받고 세월이 지나 보완되면서 한층 더 발전된 방식이 생겨났다. 이것이 바로 사회 적응으로 불리어 온 것인데, 이는 다른 능력을 지닌 성년들이 의미와 위엄, 창조적인 삶의 방식을 찾을 수 있는 다양한 종류의 노동과 삶의 상태를 말한다. 이는 고용이 편중된 집단적인 도시 생활환경이나 전문화된 생산물 작업장 또는 농사를 짓는 환경에 존재하는지도 모른다. 이 책에서는 개인의 진로를 찾을 수 있게 도와주는 특수교육과 청소년 지도를 통해 얻은 변화 속에서 꾸준히 노력하는 것이 필수적인 일이라고 주장한다. 그 외에 더 이상의 사회 적응 에 대한 논의를 하지는 않는다. 소위 독립적인 삶에서 이를 위한 하나의 가능한 수단을 발견할 수 있다. 그리고 다른 수단들은 특히 고용 개방으로도 목적을 달성할 수 없는 분야에서 만들어져 왔다.

장애에서
공동체까지

≈ 6 ≈

계속되는 도전

The Continuing Challenge

이 책에서 특수교육은 우리가 말한 특별한 도움이 필요한 아이들을 돕는 방법으로 제시되었다. 이는 구겐빌, 돈 보스코, 페스탈로치 등 이 분야의 개척자 및 창시자들에게서 발견되는 확실한 태도에 의해 뒷받침된다. 개척자들은 후에 복잡한 과학이 되는 내용들을 매우 단순하게 주창한 사람들로 여겨지기도 한다. 다른 한편 특수교육을 창시하게 된 동기에는 후대의 실행자들이 꼭 필요로 하는 일의 본질이 포함되어 있다.

아동의 성장에 대한 설명과 과민한 아이, 몽상가 등의 치료적 개입을 요구하는 다양한 상태와 성향의 예들은 우리로 하여금 인지학적 특수교육에 관심을 갖게 만든다. 특수교육을 수행해서 치료가 된다고 말할 수는 없다. 이는 특수교육이 문제를 근절하는 것이 아니라 문제를 이해하고 우리가 할 수 있는 어떤 방법으로든 그들을 도우며 치료 방법의 한계를 감수하는 것이기 때문이다. 종종 벌어지는 이러한 곤혹스러운 상황을 충분히 이해하면 특수교육에 또 하나의 연구 목표가 생기는 것이다. 중요한 것은 그들을 이해하고 도우려는 노력 속에서 우리 자신의 인간애가 성장하고 커진다는 사실이다.

이것을 고려하여 오늘날 특수교육이 직면한 가장 깊고 가장 중요한 쟁점들 가운데 하나를 소개함으로써 우리는 이 짧은 책을 끝맺으려 한다. 낙태를 감행하는 소위 문명 세계의 시도가 특별한 도움이 필요한 아이가 되게 하는 유전적 잠재 요인을 옮기는 배아로 밝혀졌다. 어떤 이유에서든 사람들 대부분은 현재 주변에서 일어나고 있는 일들을 쉽게 지나치며 우리들에게서 일어나는 비극을 인식하지 못한다. 성공적인 목표를 지닌 소위 선진적이고 이성적이며 점차 복잡해져가는 세상의 시류가 다양한 스펙트럼의 인간애를 성공과 정상이라는 이상적이고 특정한 이미지로 좁히는 환영을 만들어낸다. 특수교육은 모든 아이, 모든 사람이 의지와 목적이 있는 삶을 끝없이 추구한다는 점을 인정하면서, 소위 일반적인 스펙트럼의 가장자리에서 작용한다. 각 사람은 태어나야 할 운명과 의미 그리고 이유가 있다. 그러나 우리의 인간애는 도전받고 있다. 예컨대 유전자 상담과 양수 진단을 통해 다운증후군의 출산을 막을 수 있는 길을 열어, 부모가 낙태의 가부를 결정할 수 있게 만든 것이다. 우리는 이것이 우리의 인간애를 위협하고 있다는 점을 깨달아야 한다. 한 통계에 의하면 뉴욕에 거주하는 35세 이상의 여성들에게서 태어나는 다운증후군의 수가 10년 동안 50퍼센트 감소되었다고 한다.

소위 정신 이상, 장애, 평균적인 특성과는 다른 모든 사람은 그 자신뿐만 아니라 자신들이 마주치는 사람들의 운명에 영향을 끼치는 어떤 목적과 의미를 지니고 있다. 특별한 도움이 필요한 아이와 관련된 특수교육은 우리 모두가 자신의 운명이 배워야 한다고 말하는 어떤 것을 서로에게 가르쳐주는 중요한 인격체라는 점을 명확하게 알려준다. 특수교육은 상호 협조에 관한 것이다. 도움은 우리가 아이에게 주는 것뿐만 아니라 아이가 우리에게, 즉 부모와 교사 그리고 치료사에게 주는 것이기도 하다.

카를 쾨니히와
어린 친구

'특별한 도움이 필요한'이라는 용어는 평균과 다른 운명을 지닌 온전한 개체를 묘사하는 용어로는 부적절하다. 적절하든 또는 겉보기에 부적절하든 운명이 인간을 특정한 환경으로 이끈다는 확신은 특별한 삶도 계속해서 일어나는 여러 삶의 모습 중 하나라는 사실을 전제로 한다. 우리가 인생에서 설명하는 부적당함은 과거에서 기원한다. 하지만 그것들은 개인이 삶에서 마주치거나 정복하면 그 개인에게 힘이 되는 도전들이다.

이를 염두에 두고 루돌프 슈타이너의 말을 들어보면 우리는 조금 더 편안해질 수 있다. 그는 다른 사람들이 불행하다는 사실을 알면서도 우리는 행복해질 수 있어야 한다고 말했다. 그러나 이것은 단지 오늘을 어떻게 사느냐에 관한 것이다. 미래에 다른 사람들이 불행한 것을 알면서 행복해지기는 불가능해질 것이다. 돈 보스코는 그렇게 많은 아이들에게 도움을 주면서 이러한 깨달음에 응답했다. 알베르트 스트로셰인, 카를 쾨니히 등 다른 사람들도 마찬가지였다. 이러한 개척자들에게 도움은 동정적인 이해의 차원이 아니라 아이와 청소년의 현재와 미래에 어떤 실질적인 차이를 만들 수도 있는 무언가를 하는 일이었다.

앞서 언급한 여러 내용에 어떤 견해를 가졌든 세상을 있는 그대로 바라볼 때 어떤 방식으로든 특수교육이 필요하다는 것은 의문의 여지가 없는 사실이다. 우리는 심각한 발달 장애가 있는 아이들의 수가 줄고 있다고 생각할지도 모른다. 하지만 실제로는 부모의 선택으로 다운증후군 아이들의 수가 줄고 있는 것이다. 그러나 이러한 변화는 오직 서유럽과 북아메리카에 한정되어 있다. 돈 보스코의 부랑아들은 지금도 상파울로의 거리에서 살고 있고 페스탈로치의 난민들은 아프리카 곳곳에 퍼져 있다.

서양화된 사회에서 안전한 가정생활이 파괴되고 학교에서는 높은 성적을 강요하며 고도의 기술이 필요한 레저산업에서 아동 학대가 증가되는 것, 그리고 계속될 것이라는 사실은 이들을 지원하고 치료적 도움을 제공하는 교육자와 치료사에게는 하나의 도전이 된다. 그 아이들에 대한 우리의 사랑을 새롭게 변화시킨다면 우리 모두가 이 일에 동참하는 것이다. 또 객관적인 실재를 통해 그들의 요구를 이해하려 하고 미묘한 기질을 알 수 있는 일련의 관찰을 개발하는 것도 마찬가지다.

과거에는 평균에 들지 못하는 아이들이 보호시설에서 살거나 반쪽 인간으로 여겨졌다. 그러다가 서구 사회에서 점차 이러한 인식이 변화해 왔고 우리는 이 과정을 설명해왔다. 오늘날과 미래에는 우리가 다른 상황들에 직면할 것이라고 생각한다. 특별한 도움이 필요한 아이들이 거의 없어지는 건 아니겠지만 모든 스펙트럼의 아동기가 도움을 필요로 하게 될 것이다. 도움의 종류는 점차 더 섬세해지고 순화될 것이며 아이가 건강하고 완전해지기 위해 우리가 알아야 할 지식에 대한 이미지를 발견하는 일이 목적이 될 것이다. 이는 궁극적인 사항으로 가장 일반적인 의미에서 치료 환경과 건강한 사회를

재건설하기 위해 필요한 것이다. 우리는 그런 아이나 청소년을 만날 때 그들 자신이 가진 운명의 색깔로 빛나도록 도와야 한다. 카를 쾨니히의 말을 들어보자.

> 특수교육적 태도는 마음에 새로운 종류의 인간애가 싹트기 시작하는 지점에서 발생합니다. 그럼 인간의 형상을 한 누구라도 형제와 자매로 보이지요. 그것은 아주 의연하지만 매우 부드러운 겸손과 같아서 궁핍과 쇠퇴, 고통에 직면하면 안타까운 심정으로 강하고 헌신적인 도움을 주고자 하는 의지를 만들고 결심하게 만들 것입니다.[13]

미주

1. Rudolf Steiner, *Curative Education*, lectures of 1924, Rudolf Steiner Press, Bristol 1993.
2. Karl König, *Being Human*, Anthroposophic Press.
3. *Special Educational Needs*, (Warnock Report), HMSO, London 1978.
4. Rudolf Steiner, *The Course of my Life*, Anthroposophic Press.
5. Karl König, 'Mignon; A tentative history of curative education', *The Cresset*(Journal of the Camphill Movement) 1960.
6. Thomas Weihs, 'Don Bosco', *The Cresset*(Journal of the Camphill Movement) 1956.
7. Thomas Weihs, 'Thomas Barnardo', *The Cresset* (Journal of the Camphill Movement) 1955.
8. Albrecht Strohschein 'The Beginning of Curative Education', in *Curative Education*, Rudolf Steiner Press, Bristol, 1993.
9. From Steven Schwartz and James H. Johnson, *Psychopathology of Childhood*, Pergamon.
10. Bruno BetTel heim, *The Empty Fortress*, Free Press, USA.
11. Lotte Sahlmann, 'Constitutional Over-Sensitivity', *The Cresset*(Journal of the Camphill Movement) 1972.
12. Anke Weihs, *Camphill Working Papers Vol. 1*, Camphill Press, 1994.
13. Karl König, 'The Meaning and Value of Curative Education and Work', *The Cresset*(Journal of the Camphill Movement) 1965.

더 읽을 책

Barron, Judy & Sean, *There's a boy in here*, Future Horizons, 2002.

Carlgren, F., *Education Towards Freedom*, Lanthorn Press.

Childs, Gilbert, *Steiner Education*, Floris Books, 1992.

Clarke, P., Kofsky, H., Lauruol, J., *To a Different Drumbeat*, Hawthorn Press.

Erikson, Eric H., *Identity: Youth and Crisis*, Faber & Faber, 1995.

Glas, Norbert, *Conception, Birth and Early Childhood*, Anthroposophic Press, 1973.

Hansmann, Henning, *Education for Special Needs*, Floris Books, 1992.

Harwood, A. C., *The Way of a Child*, Anthroposophic Press, 1988.

Heydebrand, Caroline von, *Childhood: The Growing Soul*, Anthroposophic Press.

Holtzapfel, Walter, *Children's Destinies,* Mercury Press.

Hunt, Nigel, *The World of Nigel Hunt,*
    The Diary of a Down's Syndrome Youth, Kennedy-Galton
    Centre for Mental Retardation Research,
    Harperbury Hospital, 1966.

Koepke, Herman, *Encountering the Self: Transformation and Destiny
    in the Ninth Year*, Anthroposophic Press, 1989.

König, Karl, *The First Three Years of a Child*, Floris Books, 2004.

Lievegoed, Bernard, *Phases of Childhood*, Floris Books, 2005.

Pietzner, Carlo, *Questions of Destiny*, Anthroposophic Press, 1988.

Portman, Neil, *The Disappearance of Childhood
    (How TV is Changing Children's Lives)*, Comet, 1994.

Weihs, Thomas J., *Children in Need of Special Care*,
    Souvenir Press, 2000.

Weihs, Thomas J., *Embryogenesis*, Floris Books, 1986.

Williams, Donna, *Nobody Nowhere*, Jessica Kingsley, 1998.

발도르프 교육과 관련된 기관과 학교

♦♦♦ 한국

슈타이너학교
경기도 양평군 옥천면
용천3리 174
Tel 031 774 1346
Fax +031 774 1346
www.steiner.or.kr

비영리 민간단체 캠프힐 마을
경기도 양평군 옥천면
용천리 174
Tel 031 774 1346
Fax 031 774 1347
www.camphill.or.kr

청계자유발도르프학교
경기도 의왕시 청계로 189
Tel 070 4322 0200~1
gcfreeschool@paran.com
www.gcfreeschool.kr

구름산학교
경기도 광명시 일직동 222-1
Tel 02 2625 9113
www.gurmsan.kr

푸른숲학교
경기도 광주시 퇴촌면 원당리 348-19
Tel 031 793 6591
www.gforest.or.kr

동림자유학교
경기도 용인시 처인구 모현면
초부리 398-2
Tel 031 338 8345
www.drfreeschool.kr

사과나무학교
부산시 남구 대연동 757
Tel 051 622 7545
Fax 051 612 7545
www.appletreeschool.kr

(사)한국 루돌프 슈타이너 인지학 연구센터
서울시 구로구 온수동 52
세건빌딩 4층
Tel 02 832 0523
Fax 02 832 0526
anthroposophy@hanmail.net
www.steinercenter.org

(사)한국 발도르프 교육협회
경기도 성남시 분당구 구미동 18
시그마오피스텔 A동 207호
Tel 031 716 7224
Fax 031-716-7228
www.waldorf.or.kr

슈타이너교육예술연구소
인천시 동구 금곡동 10
지성소아과 3층
Tel 010 7236 5220
cafe.naver.com/steinereduart

한국 발도르프 영유아 교사협의회
서울시 구로구 온수동 52
세건빌딩 4층
Tel 02 832 0523
cafe.daum.net/waldorfteacher

아이소리
서울시 중구 장충동 2가 186-39
6층 (재)파라다이스복지재단
Tel 070 8530 9624
Fax 02 2277 3124
isori@paradise.or.kr
www.isori.net

◆◆◆ 영국

Camphill Advisory Service
19 South Road Stourbridge
DY8 3YA
Tel +44 (0) 1384 441680
Fax +44 (0) 1384 372122
advisory.service@
camphill.org.uk
www.camphill.org.uk

Peredur Trust
Trebullom, Altarnum Launceston
PL15 7RF
Tel +44 (0) 1566 86575
Fax +44 (0) 1566 86975

St. Christopher's School
1-2 Carisbrooke Lodge Westbury
Park Bristol BS6 7JE
Tel +44 (0) 117 9736875
Fax +44 (0) 117 9743665
st christophers
@st christophers.bristol.sch.uk
www.st-christophers.bristol.sch.uk

Camphill Communities Trust, Northern Ireland
Craigavad, Holywood Co.
Down, BT18 0DB
Tel +44 (0) 28 9042 3396
Fax +44 (0) 28 9042 8199
office@glencraig.org.uk
www.glencraig.org.uk

••• 그 외 나라

Camphill Community
Ballytobin, Ireland
Callan CO. Kilkenny
Tel +353 (0) 56 77 25 114
Fax +353 (0) 56 77 25 849
ballytobin@camphill.ie
www.camphill.ie

Camphill Gemeenschap
Cristophorus, The Netherlands
Duinweg 35 3735 LC
Bosch en Duin
Tel +31 (0) 30 69 35 222
Fax +31 (0) 30 69 31 117

Camphill Special School
Beaver Run, USA
1784 Fairview Rd
Glenmoore PA 19343
Tel +1 610 469 9236
Fax +1 610 469 9758
bvrrn@aol.com
www.beaverrun.org

Camphill School
South Africa
PO Box 68 Hermanus 7200
Western Cape
Tel +27 (0) 28 313 8216
Fax +27 (0) 28 313 8238
school@camphill hermanus.org.za
www.camphill hermanus.org.za

사진 승인

Hohepa
New Zealand
PO Box 3 Clive, Hawkes Bay
Tel +64 (0) 6 870 0426
Fax +64 (0) 6 870 0720
hawk@hawk.hohepa.orq.nz
www.hohepa.com

Warrah, Australia
PO Box 357 Round Corner
NSW 2158
Tel +61 2 9651 2411
Fax +61 2 9651 3778
school@warrah.org
www.warrah.org

Aberdeen Camphill
53, 55, 80-81, 91, 100, 103, 115,
117, 119, 128, 139, 143, 148, 149
Barnados 40(첫 번째 사진)
Paul Bock 59, 86, 107-108, 139
Hulton Deutsch Collection
Limited 37
Syl Edgerley 99, 126
Werner Groth 59
Cornelius Pietzner 24, 121
Nick Poole 153, 155
Caren Simon 119, 148
Margriet Stujit 67
The Wellcome Trust 34

색인

간질 epilepsy 44, 72-75, 125, 132
경련성 질환 convulsive disorders 71-75
경직 spasticity 66, 69
과잉행동 hyperactivity 69-71, 74
관계 장애 contact disturbance 61, 79, 123
교육법(1981)Education Act(1981) 21
    스코틀랜드 교육법(1872)Education Scotland Act(1872) 22
    위탁교육법 Foster Education Act(1870) 22
교육자 educators 17, 35, 101-103
그리기 drawing 106, 113-114
글쓰기 writing 82-83, 106-107, 110, 112, 114, 118
난독증 dyslexia 78, 82-83
뇌성마비 cerebral palsy 66-69
뇌수종 hydrocephalic 31, 84-89, 132
뇌염후증후군 post-encephalitic syndrome 71, 74

뇌염 encephalitis 71, 130
다양한 치료법 therapies 118-130
    놀이 치료 play therapy 129
    드라마 치료 drama therapy 81
    모형 제작 치료 modelling therapy 124
    미술 치료 Art therapy 122-124, 129
    색채 치료 Coloured light therapy 127-129
    승마 치료 horse-riding therapy 111, 129
    언어 요법 speech therapy 129
    오이리트미 치료 curative eurythmy 114, 116, 120-122, 127, 129
    오일 목욕 치료 oil dispersion bath treatment 130
    음악 치료 Music therapy 125-127, 129
다운증후군 Down's syndrome 57-61, 64, 77, 145, 160, 163
독서 reading 82-83, 110, 112, 114, 118
동정 compassion 60, 69, 76, 162

동종요법 homeopathy 131
동화 fairy tales 105-106
라우엔슈타인 치료 시설 Lauenstein curative home 42, 44
랭 R. D. Laing 96
뢰플러, 프란츠 Franz Löffler 42-44
바르나르도, 토마스 존 Thomas John Barnardo(1845~1905) 39-41, 45
바이스, 앙케 Anke Weihs 146
발도르프 교육과정 curriculum(Waldorf) 105, 106-109, 114, 118
베그만, 이타 Ita Wegman 43
베텔하임, 브루노 Bruno Bettelheim 64
『비어 있는 요새 The Empty Fortress』 64
보스머 체조 Bothmer gymnastics 116
보스코, 돈 Don Bosco(1815~1888) 37-39, 41, 45, 159, 162-163
비정상 abnormality 11-27, 57, 77, 83

사춘기 puberty 54, 106, 116, 137-138, 140-142
살만, 로테 Lotte Sahlmann 78
상담 counselling 129, 152
성(性) sexuality 150, 23
성년기 adulthood 56, 151
세갱, 에두아르 Edouard Séguin 33-35, 41
세일시언 교단 Order of the Salesians 38
소극적인 아이 withdrawn child 111
소두증 small-headed 84, 87-89
슈타이너, 루돌프 Rudolf Steiner(1861~1925) 15-18, 31-33, 42-46, 54, 96, 108, 114, 141, 162
스트로셰인, 알베르트 Albert Strohschein 42-45, 162
신경과민증 over-sensitivity 75-77
신화 mythology 52, 106
실어증 aphasia 78-83
  수용 실어증 receptive aphasia 79
  수행 실어증 executive aphasia 79

아베롱의 야생 소년 Wild Boy of Aveyron
33
양수 진단 amniocentesis 160
에릭슨, 에릭 Erik Erikson 54,
염색체 이상 chromosome abnormality
58, 77
워녹 보고서 Warnock Report 21-23
유전자 상담 genetic counselling 160
이타르, 장 Jean Itard(1775~1838) 33-35, 41
인지학 anthroposophy
18, 42, 44, 46, 105, 130-131, 142, 159
정신장애법(스코틀랜드)Lunacy(Scotland)
Act 1862 23
정신지체법 Act of Insanity(1841년,
네덜란드) 23
4차 정신지체법(1884) 25
청소년 지도 youth guidance
145-146, 150-152, 154

청소년기 adolescence
54, 116, 118, 138-142, 135-155
취약X증후군 fragile X-syndrome 77-78
캠프힐 운동 Camphill Movement 18
쾨니히, 카를 Karl König 18-19, 32-33, 161
파쉬, 베르너 Werner Pache 43
페스탈로치, 하인리히 Heinrich Pestalozzi
35, 37
피커트, 지크프리트 Siegfried Pickert 42-44
학습 장애 learning difficulties
23, 26, 46, 83, 95, 109, 110, 112, 118, 137